Architektur in Deutschland '91

Deutscher Architekturpreis 1991

Architektur in Deutschland '91

Deutscher Architekturpreis 1991

Herausgegeben von
Ruhrgas AG und Jürgen Joedicke

Mit Beiträgen von Harald Deilmann, Werner Durth,
Jürgen Joedicke, Michael Kaiser, Gerhart Laage,
Manfred Sack, Helmut Trauzettel, Heinz Windfeder

Karl Krämer Verlag Stuttgart

Zusammenstellung und Layout: Jürgen Joedicke
Gesamtherstellung: Karl Krämer Verlag
Lektorat: Gudrun Zimmerle
Printed in Germany

ISBN 3-7828-4015-1

Jürgen Joedicke

Architektur in Deutschland '91

Die diesmalige Auslobung und Verleihung des Deutschen Architekturpreises, die elfte seit 1971, zugleich das zwanzigjährige Bestehen dieses Preises, war eine ganz besondere: Zum ersten Mal beteiligten sich daran nicht nur Architekten aus der alten Bundesrepublik Deutschland, sondern auch aus der ehemaligen DDR. Und ebenso setzte sich die Jury nicht nur aus Architekten aus München, Stuttgart oder Münster zusammen, sondern der Jury gehörte wie selbstverständlich auch ein Kollege aus Dresden an. Die Wende hatte es möglich gemacht, und die Verantwortlichen des Deutschen Architekturpreises hatten rasch reagiert.

Dreißig Arbeiten wurden aus den neuen Bundesländern eingereicht, und darunter waren zwei Bauten, welche die Jury prämierte, eine Arbeit mit einer Auszeichnung, eine Arbeit mit einer Anerkennung zum Deutschen Architekturpreis. Hatte es für diese Arbeiten einen Bonus gegeben, oder was zeichnete diese Arbeiten im besonderen aus? Einen Bonus gab es sicherlich nicht, aber was diese Arbeiten kennzeichnete, war für die Jury überraschend. Denn es zeigte sich, daß es dort unter den Restriktionen der öffentlichen Baupolitik, über die noch zu sprechen sein wird, Nischen gab, die von engagierten Architekten genutzt werden konnten. Um so größer war die Hochachtung, vor allem als die Jury erkannte, wie hier Traditionen des Neuen Bauens der zwanziger Jahre aufgenommen und erneuert wurden. Was prämiert wurde war, wie damals, eine Architektur der Bescheidenheit, die aus ihrer Armut eine Tugend machte.

Wie immer finden sich in dieser Publikation nicht nur die prämierten Arbeiten, sondern auch die kritische Auseinandersetzung mit aktuellen Themen, die zum Nachdenken über Architektur anregen soll. Es sind diesmal zwei Themen, die sich wie von selbst ergaben.

Wenn sich die alten und die neuen Bundesländer zusammengeschlossen haben, so ist es an der Zeit, die deutsch-deutsche Nachkriegsarchitektur kritisch aufzuarbeiten. Ohne eine solche ebenso sensible wie kritische Arbeit besteht die Gefahr, daß in der Auseinandersetzung um architektonische Fragen nur Klischees wiederholt werden. Das wird ein Thema sein, das in dieser Publikation aufgenommen, in späteren Veröffentlichtungen fortgesetzt werden soll.

Welche Unterschiede im Bereich des Städtebaus bestanden, wo es aber auch überraschende Überschneidungen gab, zeigt der Beitrag von Werner Durth. Manfred Sack dagegen beschäftigt sich mit einem heute fast vergessenen Architekten der Nachkriegszeit, mit Rudolf Schwarz, und fragt nach seiner Bedeutung für die neunziger Jahre. Mit welchen Restriktionen die Architekten in der ehemaligen DDR zu kämpfen hatten, zeigt beklemmend der Beitrag von Michael Kaiser; was Architckten der neuen Bundesländer erhoffen, der Artikel von Helmut Trauzettel.

Das zweite Thema ist der Wohnungsbau, die wohl zentrale Bauaufgabe in unserer Zeit. Das Aufgreifen dieses Themas entspricht den Intentionen der Jury, die bedauert hat, daß hier ein brachliegendes Feld zu wenig beackert wird, auch wenn nur ein Teil davon in den Händen der Architekten liegt. Die Beiträge von Harald Deilmann, Gerhart Laage und Heinz Windfeder sollen Anregungen geben und zum Handeln ermutigen.

Der Ort, an dem die Preisverleihung diesmal stattfand, war die Wartburg, im Herzen des deutschen Kulturlandes gelegen. Die Festansprache hielt Richard von Weizsäcker, der Bundespräsident, sie war ein leidenschaftliches Plädoyer für Architektur.

Inhaltsverzeichnis

Ulrich Fickel
Stellvertretender Ministerpräsident und
Minister für Wissenschaft und Kunst
des Landes Thüringen

Begrüßung auf der Wartburg

Wir haben uns hier im Festsaal der Wartburg, dem Schauplatz bedeutender historischer und kultureller Begebenheiten, zusammengefunden. Es ist mir Freude und Verpflichtung zugleich, Sie heute zu dieser großen Auszeichnung, der Verleihung des Deutschen Architekturpreises, gerade an diesem Ort, der Stätte großer geistiger und historischer Traditionen, willkommen heißen zu dürfen.

Der sagenumwobene Sängerkrieg der Minnesänger im 13. Jahrhundert, verbunden mit den berühmten Namen Walter von der Vogelweide, Wolfram von Eschenbach, Heinrich von Ofterdingen, das wohltätige Wirken der Heiligen Elisabeth als hervorragendes Bekenntnis zum christlichen Humanismus, die von Martin Luther übersetzte Bibel 1522, auch Goethes besondere Beziehung zur Burg sowie die Treffen deutscher Burschenschaften, die in flammenden Reden 1817 gegen Kleinstaaterei für ein einheitliches Deutsches Reich eintraten, sind Bestandteile deutscher Geschichte.

Weithin sichtbar, inmitten der bewaldeten Täler und sanften Höhen des Thüringer Walds, erhebt sich diese malerische berühmte Stätte. Schon zu Beginn des 19. Jahrhunderts wurde sie als Zentrum bedeutenden Geschehens von emanzipierten, fortschrittlichen, dem christlichen Mittelalter zugewandten Kreisen des deutschen Bürgertums als Baudenkmal eingeordnet.

Damit war der Boden bereitet für eine beginnende Erbpflege. Beeinflußt von jenem Zeitgeist entschloß sich 1838 Großherzog Carl Alexander von Sachsen-Weimar-Eisenach zur Restaurierung der Wartburg. Namen hervorragender Baumeister, Architekten und Künstler wie Arnswald, Friedrich Sälter, Hugo von Ritgen, Ferdinand von Quast oder Moritz von Schwind sind mit der Erneuerung der Burg verbunden.

Der Architekturprofessor Hugo von Ritgen schrieb bereits 1847 in seinen »Gedanken über die Restauration der Wartburg« an den Großherzog Carl Alexander von Sachsen-Weimar-Eisenach: »Die Wartburg, welche Fülle von Erinnerungen knüpft sich für jeden Deutschen an diesen Namen. Wo steht die Burg, die ihr gleichkäme an geschichtlicher Bedeutung, an poetischer Weihe?«

So verleiht das Erlebnis der geschichtsträchtigen, ehrwürdigen Burg Impulse, die gleichsam einer großen Symbolik den heutigen Festakt bestimmen, denn zum ersten Mal wird dieser bedeutungsvolle Preis an Architekten eines geeinten Deutschlands vergeben!

Ich freue mich ganz besonders, hervorragende Repräsentanten der Architektenschaft als Wegbereiter und Gäste zu diesem Anlaß in unserem Land Thüringen versammelt zu wissen. Hat doch der Kulturraum Thüringen in seiner historischen Dimension eine ganz eigenständige Bedeutung, die uns mit Stolz erfüllt und uns Verpflichtung für Deutschland, ja für Europa sein wird.

Die Städte in dieser geographisch, reichgegliederten Landschaft sind von großem Reiz und haben geschichtlich wie auch städtebaulich meist eine lange Vergangenheit hinter sich. Fast alle thüringischen Städte sind im Schutz feudaler Einrichtungen entstanden, bildeten so städtebauliche und politische Einheiten mit selbständigen Einrichtungen für Macht, Verwaltung und Handel.

Meist Burgen, aber auch Klöster und Kirchen sind in Verbindung mit Fernhandel, Markt und Handwerk der Ausgangspunkt ihrer Entwicklung. So ist ein dichtbesiedeltes Land entstanden. Viele alte, schöne Städte und Dörfer mit wertvoller Bausubstanz und erhaltenem Grundriß wie Eisenach, Erfurt, Weimar, Arnstadt, Mühlhausen, Schamlkalden oder Saalfeld, um nur einige zu nennen, sind einzigartig in ihrer Grundstruktur und bis heute unverfälscht im Kern.

Im Zueinander zur Thüringer Landschaft bilden diese Städte, städtebaulichen Straßen und Platzräume ein historisch gewordenes Umfeld. Viele Städte unseres Landes haben noch eine beneidenswerte bauliche Substanz, ihr materieller Zustand jedoch ist äußerst beklagenswert! Vom Thüringer Fachwerkhaus und vom typischen schwarzen Ziegelhaus des Thüringer Waldes bis hin zum roten Backsteinhaus – ein vom Verfall bedrohter Zustand! Vier Jahrzehnte staatlich restriktiver Baupolitik – gesteuert, bevormundet, unterdrückt, vernachlässigt – das sind die Relikte einer Mißwirtschaft! Unter diesen Bedingungen hatten auch unsere Städtebauer und Architekten fast keine Kompetenzen mehr!

Wir haben miterleben müssen, wie in den letzten Jahrzehnten die Windmühlen aus dem Landschaftsbild verschwanden, kleine Türme und Schlösser verfielen, Gebäude zu Ruinen wurden, Baumalleen abgeholzt wurden, wie gesichtslose Bungalows plötzlich die schönsten Teile unserer Landschaft zersiedelten, historische Baumgruppen der Landwirtschaft geopfert werden mußten!

Es gilt die traditionelle, wertvolle Thüringer Architekturlandschaft, jahrhundertealte Stadtkerne zu erhalten, wieder gebrauchsfähig zu machen! Auf dem 8. Deutschen Architektentag in Dresden in diesem Jahr formulierte Professor Bächer aus Darmstadt fast programmatisch: »Wir haben als Architekten die Aufgabe, durch kreatives Wirken aus der Gegenwart heraus Vergangenheit lesbar zu machen, und ich verstehe Architektur als eine Kunst des Weiterbauens und mit den Spuren der Geschichte zu arbeiten ...!«

Gehen wir sorgsam mit diesem Kulturgut um! Ich meine damit, thüringische Identität in der Stadtentwicklung und Architektur zu bewahren.

Dabei geht es nicht um eine Mumifizierung des Bestands und denkmalgerechte Erhaltung jedes Details, auch nicht um falsch verstandene Mittelalterlichkeit. Unsere thüringischen Städte sollten lebendige Gebilde bleiben. Unverfälscht, aber auch nicht verunstaltet durch untypische Fremdmaterialien oder durch Verfremdungseffekte in der Art der Postmoderne.

Redlichkeit und Gefühl im Umgang mit Material ist gefordert. Gestalten wir zurückhaltend und schlicht. Bedienen wir uns einfacher, innovativer, funktional orientierter Architekturmittel im äußeren Erscheinungsbild unter Wahrung ökologischer Bezüge, dann werden wir unserer einmaligen Chance gerecht, thüringische Städte und Stadtlandschaften in ihrer Identität zu erhalten.

In dieser außerordentlich bewegten und bewegenden Zeit, wo schneller Fortschritt sichtbare Veränderungen, Überwindung alter Strukturen, Aufbau gefordert und gefragt sind, wird mitunter allzu leichtfertig auch Gewachsenes, Unwiederbringliches in den Sog der Erneuerung gezogen, bedroht und vernichtet.

Wir haben in Thüringen neben unseren alten, wertvollen Städten auch historisch gewachsene Dorflandschaften von unbeschreiblicher Schönheit, idyllisch fügen sie sich in die sanfte Thüringer Landschaft ein. Sie sind besonders bedroht von der marktwirtschaftlichen Flut der neuen Industrieansiedlungen, der Gewerbegebiete, der Supermärkte und Sportzentren. Sicher gewünscht und notwendig, soll doch das schnell entstehen, was lange entbehrt wurde! Doch thüringische Dörfer in ihrer Eigenart würde es bald nicht mehr geben! Periphere Wucherungen mit allem Wohlstandskomfort wären der traurige Ersatz und so das Ende einer Kultur jenseits der Städte.

In den alten Bundesländern sind unter dem Druck des Markts in den sechziger Jahren diese Dörfer fast verschwunden. Lernen wir aus dem Geschehenen, ergänzen wir uns gegenseitig, tauschen wir unsere Erfahrungen aus – als geeinte Architektenschaft Ost-West! Der entscheidende Ausgangspunkt der Gestaltungsideen sollten die Bedürfnisse des Menschen sein in ihrer Wechselbeziehung von Funktion und Architektur. Nur dann kann es zu langfristigen guten Lösungen, zu Spitzenleistungen der Architektur kommen, wenn die Ganzheit der künstlerischen und materiellen Komponente in der Lebendigkeit der Nutzung vorausgedacht wird.

Architekturpreisverleihung 1991 in Thüringen – gleichsam eine große historische Metapher, eine nationale Kundgebung hier auf der Wartburg: Ich beglückwünsche die Preisträger zu den großartigen Zeugnissen ihres Könnens. Ihr ethischer Auftrag, mit der Kraft des gestaltenden Künstlers, mit dem Weitblick des erfahrenen Planers, mit dem Wertmaßstab des Gestalters zu fördern, zu beraten, zu leiten, zu lenken soll uns für das Land Thüringen zur Verpflichtung werden.

Handeln wir in diesem Sinne! Die Zeit dafür ist einmalig und unwiederbringlich!

Klaus Liesen
Vorsitzender des Vorstandes der Ruhrgas AG, Essen

Ein Architekturpreis und seine Geschichte

Der Deutsche Architekturpreis feiert in diesem Jahr ein kleines Jubiläum: 1971, also vor zwanzig Jahren, wurde er erstmals verliehen – damals noch als Ruhrgas-Architekturpreis. Seit 1977, als die Bundesarchitektenkammer die Schirmherrschaft übernahm, führt er die Bezeichnung Deutscher Architekturpreis. In diesen zwanzig Jahren ist der Preis zu einem anerkannten Forum für die Bewertung von Architektur geworden. Durch seine Verleihung wird das Bewußtsein für die Qualität der architektonischen Gestaltung nachhaltig gefördert.

Zwanzig Jahre Architekturpreis, für die Geschichte der Architektur ist das nur eine winzige Zeitspanne. Aber, so haben wir alle es erlebt, manchmal reichen Monate, ja wenige Tage, um weitreichende Veränderungen in vermeintlich festgefügten Systemen zu bewirken. Vor zwei Jahren, bei der letzten Preisverleihung in Starnberg, hätte kaum einer für möglich gehalten, daß wir heute auf der geschichtsträchtigen Wartburg, in einem vereinten Deutschland und vor dem Hintergrund eines sich radikal wandelnden osteuropäischen Raums diese Preisverleihung vornehmen würden.

Aber nicht nur politische Veränderungen kennzeichnen den Wandel in der heutigen Zeit: auch Veränderungen, die das berufliche und private Umfeld der Menschen speziell betreffen und die dadurch gekennzeichnet sind, daß man der Qualität der Umwelt im weiten Sinne heute ein bedeutend größeres Gewicht für die Zukunft unserer Gesellschaft beimißt als vor zwanzig Jahren.

Mit der Stiftung und Förderung des Architekturpreises hat sich die Ruhrgas AG darum bemüht, zu dieser Entwicklung beizutragen:

In den sechziger Jahren und auch noch Anfang der siebziger Jahre war die Architektur stark geprägt durch die Botschaft des neuen Brutalismus. Freudlose Trabantenstädte, riesige Bürogebäude, flächendekkende öffentliche Bauten und die Planung der autogerechten Stadt bestimmten das Bild. Die Beurteilungskriterien des Ruhrgas-Architekturpreises – architektonische Qualität, sparsame Energieversorgung und Umweltfreundlichkeit – waren mit dieser ausufernden Bauweise nicht zu vereinbaren und erforderten neue Akzente. Auch die Einbeziehung nicht nur von Neubauten, sondern auch von Altbausanierungen und Sanierungen innerstädtischer Bereiche in die Auszeichnungen war für wegweisende Entwicklungen wichtig. Aufgrund solcher Beurteilungskriterien hoben sich die prämierten Arbeiten der ersten Jahre wohltuend und richtungweisend von der damals noch häufigen großstrukturierten Architektur ab. Die Juroren gingen noch einen Schritt weiter. Durch die Auszeichnung einer Wohnanlage als Beispiel für den sozialen Wohnungsbau (1971) oder eines Alten- und Pflegeheims (1977) fügte die Jury den vorgegebenen Bewertungskriterien die soziale Verpflichtung des Architekten als weiteres Kriterium hinzu. In der Begründung für die Preisverleihung 1977 heißt es: »Mit dieser Prämierung soll nicht nur eine in jeder Hinsicht gelungene Gestaltung, sondern auch die humane Verpflichtung des Architekten in einer einseitig rational orientierten Zeit gewürdigt und ermutigt werden.«

Diese Bewertungsmaßstäbe – architektonische Qualität, sparsame Energieversorgung, Umweltfreundlichkeit und soziale Verpflichtung – sind noch heute unabdingbare Basis für die Bewertung der zum Deutschen Architekturpreis eingereichten Arbeiten. Dazu zwei Beispiele: 1979 wurde das Pilotprojekt zur Altbausanierung am Klausener Platz in Berlin-Charlottenburg ausgezeichnet; es ermögliche »die Erneuerung und Erhaltung der gewohnten Umwelt und der sozialen Bindungen trotz heute noch vorhandener Einschränkungen«. Bei der Preisverleihung 1985 für das Druckereigebäude des Süddeutschen Verlags in München stellte die Jury – mit Blick auf die ausufernden Gewerbegebiete an der Peripherie der Städte – fest: »Der werktätige Mensch braucht in einem langen Abschnitt seines Lebens eine funktionsgerechte, aber auch menschliche und schöne Arbeitsstätte. Dazu gehören der Innenraum und das Ambiente eines Gebäudes, ebenso wie die Gestaltung der Freiflächen und das Erscheinungsbild in ihrem Umfeld«.

So brachte der Architekturpreis in diesen zwanzig Jahren das sich wandelnde Wohn- und Freizeitverhalten des Menschen in zunehmendem Maße in die Architektur ein, machte die Problematik von Anonymität und Isolierung des einzelnen in der industriellen Arbeitswelt bewußt und ließ sich von der Einsicht leiten, daß die Natur und unsere Umwelt nicht unendlich belastbar sind.

Umwelt, Umweltentlastung ist heute ein vielgebrauchter Begriff, und er ist mit Recht vielgebraucht – in den *alten* Bundesländern, aber besonders hier in den *neuen* Bundesländern. Die Ruhrgas AG hat das Glück, daß ihre unternehmerische Aufgabe darin besteht, eine Energie zu beschaffen und zu betreiben, die umweltfreundlich ist. Eine Folge dieses Umstands ist es, daß das Unternehmen in bezug auf Umweltschutz zu keinem Zeitpunkt Berührungsängste überwinden mußte. Sein Konzept, in den neuen Bundesländern forciert auf Erdgas umzustellen, ist Vertriebspolitik und praktizierter Umweltschutz zugleich. Aber nicht nur solche umfassenden Konzepte dienen dem Schutz der Umwelt. Viele Einzelmaßnahmen führen in ihrer Summe und auf die Dauer ihrer Wirkungen zu einer spürbaren Entlastung der Umwelt und zu beachtlichen Einsparungen von Energie. Ein Beispiel mag die Heizungsanlage hier auf der

Wartburg sein, die Ruhrgas vor kurzem erneuert hat, ein weiteres Beispiel das Wärmerückgewinnungssystem bei dem heute ausgezeichneten Gebäude. Wobei ich eines klarstellen möchte: In der Geschichte des Deutschen Architekturpreises sind Auszeichnungen nicht nur für erdgasversorgte Bauwerke vergeben worden, sondern auch für Gebäude mit anderen Energiesystemen – vorausgesetzt, daß diese die Konditionen der Umweltfreundlichkeit und -sparsamkeit erfüllten.

Es wird auch weiterhin die Aufgabe der Architektur sein, die Knappheit von Grund und Boden, die Anforderungen an moderne Wohnqualität und zeitgemäße Anforderungen an den Arbeitsplatz in Einklang zu bringen mit den Bedürfnissen einer städtebaulichen Planung und den Forderungen des Umweltschutzes. Diese gesamtheitliche Sicht und Gestaltung bleibt die große Herausforderung an die Architektur der heutigen Zeit.

Mit welchem Engagement diese Herausforderung angegangen wird, läßt sich auch daran ablesen, daß zum diesjährigen Wettbewerb 269 Arbeiten eingereicht wurden. Darunter, und das freut uns ganz besonders, sind 30 Arbeiten aus den neuen Bundesländern. Es ist zu wünschen, daß sich gerade hier, in diesen Bundesländern, zukünftig architektonische Akzente herausbilden, die auf die Umweltfreundlichkeit und eine dem menschlichen Maß angemessene Gestaltung achten.

Der diesjährige Preis wurde den Architekten Professor Joachim Schürmann und Frau Margot Schürmann für die Planung und Ausführung des Postamts 3 in Köln zuerkannt. Auch in diesem Jahr wurde damit wieder ein sogenannter Zweckbau ausgezeichnet. Eine besondere Anforderung an die Architekten stellte die Tatsache dar, daß dieser Neubau des Postamts in die Kölner Innenstadt zu integrieren war. Den Architekten ist es dabei gelungen, so die Begründung der Jury, »die oft aufbrechenden Konflikte zwischen notwendiger Baumasse und Maßstäblichkeit des Quartiers« zu lösen. Dies wurde mit den »unverwechselbaren Mitteln unserer Zeit zu einer Form gestaltet, die durch Klarheit und Rücksichtnahme auf die im Gebäude arbeitenden Menschen ausgezeichnet ist«. Auch hier also wieder die Maxime des Architekturpreises als einer integralen Berücksichtigung von Mensch, Wohnen, Arbeitsplatz und Umwelt.

Gratulieren möchte ich im Namen der Ruhrgas AG als Stifter des Deutschen Architekturpreises Herrn und Frau Schürmann als Preisträger, aber ebenso allen Bauherren und Architekten der übrigen ausgezeichneten oder mit einer Anerkennung bedachten Arbeiten. Bedanken möchte ich mich auch bei all denen, die sich mit zum Teil hervorragenden Entwürfen am Deutschen Architekturpreis 1991 beteiligt und damit zu dem hohen Niveau dieser Ausschreibung beigetragen haben. Dank sagen möchte ich dem Vorsitzenden der Jury, Herrn Professor Harald Deilmann, den Fachjuroren, den Vorprüfern und Organisatoren, die sich mit großem Sachverstand und Engagement dem Architekturpreis zur Verfügung gestellt haben. Herzlich danken möchte ich auch Ihnen, Herr Minister, für Ihre freundliche Begrüßung und für die Möglichkeit, die Preisverleihung hier auf der Wartburg vornehmen zu können.

Ganz besonders bedanke ich mich bei Ihnen, Herr Bundespräsident, dafür, daß Sie an der heutigen Veranstaltung teilnehmen und Sie sich bereit erklärt haben, den Deutschen Architekturpreis 1991 zu übergeben. Dies ist für den Deutschen Architekturpreis und seine Initiatoren eine hohe Auszeichnung und eine besondere Ermutigung für alle, die sich für die Qualität der Architektur in unserem Land einsetzen.

1991 zeigt ein solches Gebäude. Das Postamt Köln 3 von den Kollegen Professor Joachim Schürmann und Frau Margot Schürmann steht im dichten Kern der Kölner Altstadt. Es nimmt die maßgebliche historische Bebauung auf, aber biedert sich nicht an. Es ist eine selbstbewußte »moderne« Architektur ohne Flitter – haltbar, vernünftig und schön. Das neue Bauwerk schafft in dem unruhigen Verkehrsgewimmel ein ruhiges Geviert: Die Betriebsräume liegen in den unteren Geschossen in konzentrischer Anordnung um einen verglasten Innenhof, genauso die Büroräume im Obergeschoß.

Wie immer bei den Schürmanns zeichnet sich die Architektur durch eine geistige Durchdringung der funktionalen Anforderungen und durch eine besondere maßstäbliche Harmonie aus. Die Architektur nimmt Rücksicht auf die im Gebäude arbeitenden Menschen und genauso auf jene, die das Gebäude als Teil des städtischen Raums erleben. Hier gilt insgesamt: Der Stil wird geprägt durch die Schönheit vom Gedanken.

Ob Schönheit vom Gedanken oder Vergewaltigung der Tatsachen die Architektur prägt, entscheidet oft die Politik. Auch heute. Die Staatsführung der DDR hatte den individuell-schöpferischen Architekten als Berufsstand »abzuschaffen« versucht. Es galt das Kollektiv, in dem die Individualität des Menschen zur Unkenntlichkeit degradiert wird und damit auch sein Anwalt als Gestalter des individuellen Lebensraums des Menschen.

Im Gegensatz zu Ökonomen, Technikern und Ingenieuren wurden nur sehr wenige Architekten ausgebildet und gebraucht. Man meinte, nur Baufachleute zur technischen Realisierung, zum Ausstoß möglichst vieler Quadratmeter und Kubikmeter zu brauchen. Die Ergebnisse dieser Politik: Monotonie der Gebäude, Vergrauung der Städte.

Individuelle Kreativität zog sich in private Nischen zurück. Ein junger Ostberliner Schriftsteller nannte diese Stadtarchitektur jetzt »die Rache der alten Regierung«. Noch sind die Folgen nicht ausgestanden.

Dennoch, neue Ansätze sind gemacht. Die Architektenkammern in den neuen Ländern sind gegründet und seit dem Deutschen Architektentag in Dresden Mitglieder der Bundesarchitektenkammer. Bei dieser Gelegenheit sagte Ministerpräsident Professor Biedenkopf: »Die Architekten müssen wieder die Verantwortung für die Gestaltung in Stadt und Landschaft übernehmen ...«

Doch die politische Wirklichkeit sieht anders aus. Man will der als Folge verfehlter Baukulturpolitik sehr großen Zahl der Hochbauingenieure der Ex-DDR, als Gestalter von Hochbauten, die verantwortliche Bauvorlageberechtigung entgegen des verfügten Landesbaurechts zugestehen. Dies sei, so zum Beispiel das Bundeswirtschaftsministerium in Bonn, ein »wirtschaftliches Handlungsgebot« zur Arbeitsbeschaffung des zur Zeit noch unausgelasteten Arbeitspotentials.

Doch Baukultur und die Verantwortung für Baukultur ist nicht durch Dekrete zu verordnen. Und Baukultur ist viel mehr als nur der Wunsch einer Berufsgruppe nach Selbstverwirklichung. Es ist der öffentliche Auftrag, kulturelle Werte durch Gestaltung der Lebensräume für den Bürger zu schaffen, und verlangt von uns, insbesondere im Osten Deutschlands, durch überlegte und behutsam gestaltende Planung für eine Wiederherstellung von Städten und Siedlungen zu sorgen, die dem Anspruch ihres kulturellen Erbes gerecht wird.

Bei allem Verständnis für das Gebot schnellen Handelns zum Abbau vorhandener Probleme dürfen wir nicht in eine orientierungslose Hektik verfallen und die langfristig angelegten Gestaltungsziele außer acht lassen.

Wir freuen uns deshalb ganz besonders, daß Sie, sehr verehrter Herr Bundespräsident, sich als Repräsentant unseres Gemeinwesens diesem Thema zuwenden. Wir hoffen auf einen wiederkehrenden und lang anhaltenden Dialog, damit der Anspruch der Gesellschaft an die Gestaltung ihrer Lebensräume in dem wirtschaftlichen Gerangel, häufig genug auch schnellen Investorenglücks, nicht verlorengeht.

Auch in der ehemaligen DDR sind die Architekten wie überall in Europa im gestalterischen Entwerfen ausgebildet. Und um Mißverständnisse bei unseren Ingenieurkollegen zu vermeiden: Selbstverständlich müssen Übergangsregelungen gefunden werden. So sieht das Architektengesetz der fünf neuen Länder die Aufnahme von Hochbauingenieuren vor, wenn entsprechende Qualifikation nachgewiesen ist. Nachausbildung und Großzügigkeit sind ebenfalls geboten. Andererseits darf nach der früheren politisch gewollten Verdrängung der Architektur nicht jetzt eine wirtschaftlich opportun erscheinende Verdrängung folgen.

Deshalb wiederhole ich den Satz von Professor Biedenkopf: »Die Architekten müssen wieder die Verantwortung für die Gestaltung von Stadt und Landschaft übernehmen.« Und ich setze hinzu, sie können und sie wollen es. Dabei brauchen unsere Ingenieurkollegen in den neuen Bundesländern überhaupt keine Sorge vor fehlender Beschäftigung zu haben. Gebaut wird genug und ihr technischer Ingenieurverstand als Ergänzung der gestaltenden Architektenaufgabe ist unverzichtbar.

Architekten – das haben auch die 269 eingereichten Arbeiten zum Deutschen Architekturpreis gezeigt – sind imstande, die gestaltende Verantwortung qualifiziert zu übernehmen. Dieses Prinzip hat auch die Jury bei ihrer Arbeit geleitet. Sie hat nach »eingehender, zum Teil leidenschaftlich geführter Diskussion der unterschiedlichen Qualitäten« ihre Entscheidungen einstimmig gefällt.

Die Ergebnisse beweisen, Architektur kann der Schönheit der Gedanken Ausdruck geben. Architekten können unter Würdigung der Tatsachen ohne Vergewaltigung oder Vernachlässigung eine einfache, bildhafte, verstehbare Sprache sprechen. »Sie müssen dazu viele Worte haben«, wie Martin Luther es einmal gesagt hat – auf den man ja hier auf der Wartburg nicht verzichten kann. »Man muß dem Volk aufs Maul schauen«, sagte er, und daraus entstand dann unsere wunderbare bildhafte Kultursprache.

Diese Kreativität ist heute nach wie vor vorhanden. Wir alle waren noch vor wenigen Monaten fasziniert von der sprachlichen Erfindungskraft, dem präzisen Witz, der scharfen Zunge der Leipziger oder Berliner. Diesem Volk kann man beruhigt weiter aufs Maul schauen. Es braucht nicht nur eine neue Auto- sondern auch eine neue Baukultur. Wir sind ein Volk, nicht nur mit einer Währung, sondern mit einer Kultur. Mich beeindruckt übrigens, mit welcher Sensibilität und gespannter Aufmerksamkeit Menschen aus Polen, Rußland – genauso wie aus Italien oder Spanien – zur Zeit darauf achten, was wir auf diesem Gebiet tun.

Meine Damen und Herren, zur Zeit werden bewundernswürdig viele öffentliche und private Gelder im Osten unseres Landes investiert. Gerade weil die öffentlichen Verwaltungen, die Bürgermeister, sich oft noch nicht trauen, eine Qualität der Architektur zu fordern, ist die Verantwortung der privaten und öffentlichen Bauherren um so größer.

Es wäre sicher ein Mut machender Beitrag für den kulturellen Aufschwung Ost, wenn zum Beispiel öffentliche Gelder mit der Auflage vergeben würden, in einem öffentlichen Wettbewerb die beste architektonische Lösung zu suchen, »denn Kultur darf nicht etwas sein«, haben Sie, sehr verehrter Herr Bundespräsident, gesagt, »was die öffentlichen Hände nach Belieben betreiben oder lassen dürfen«.

Es wäre ein Mut machender Beitrag zum kulturellen Aufschwung Ost, wenn private Bauherren und Investoren ihre Verantwortung gegenüber der Architektur und der Umwelt so ernst nehmen, wie der Stifter dieses Architekturpreises. Ohne Mäzenaten kann die Schönheit von Gedanken in der Architektur nicht Wirklichkeit werden. Und um Sie, Herr Bundespräsident, nochmals zu zitieren: »Kultur ist kein Luxus ... Es gibt keine überzeugende Politik und keine gesunde Ökonomie ohne Kultur«.

Es wäre deshalb gut, wenn die Medien und die Politiker noch mehr dafür sorgen, daß die Verantwortung für die Gestaltung der Stadt und Landschaft kritisch, ernst und angenommen wird. Denn: Häuser und Städte werden für Menschen gebaut; Architekten, und das gilt für unsere Preisträger, haben dazu Vorschläge gemacht. Bauherren und Nutzer haben sie angenommen. Das, meinte Brecht einmal, ehrt uns alle.

Bundespräsident
Richard von Weizsäcker

Über Architektur

Die Architektur steht am Anfang der Künste. Ihr Name sagt es schon: die »Erzkunst«. Ihre Geschichte soll vor 4650 Jahren mit dem Entwurf Imhoteps für die Grabanlage Djosers in Saqqâra begonnen haben. Grund genug, daß alle anderen Künste sich vor der Baukunst in Ehrfurcht verneigen.

Sie ist gleichzeitig etwas anderes als Kunst. Indem sie den Menschen »behaust«, ihn vor den Gefahren der Umwelt schützt, enthebt sie ihn elementarer Daseinsnöte, setzt sie Kräfte für andere Ziele frei. Sie ist damit eine der wesentlichen Grundlagen der menschlichen Zivilisation, ihre »Essenz« wie Mies van der Rohe es ausdrückte.

Daß die Überwindung der natürlichen Umwelt durch die Zivilisation auch übertrieben werden kann, und zwar auch durch Werke der Architektur, sehen wir heute mit wachsender Sorge. Aber grundlegend bleibt: die Architektur, dieses faszinierende Zusammenspiel von Materie und Geist, ist von existentieller Bedeutung für die Menschen.

Um der Aufgabe gerecht zu werden, gleichzeitig Künstler, Techniker und Zivilisator zu sein, muß der Architekt eine atemberaubende Anzahl von Fähigkeiten aufweisen. So forderte Vitruv, Caesars Architekt, schon vom Architekten der damaligen Zeit: »Er muß im schriftlichen Ausdruck gewandt sein, des Zeichenstiftes kundig, in der Geometrie ausgebildet sein, mancherlei geschichtliche Ereignisse kennen, fleißig Philosophen gehört haben, etwas von Musik verstehen, nicht unbewandert in der Heilkunde sein, juristische Entscheidungen kennen, Kenntnisse in der Sternkunde und vom gesetzmäßigen Ablauf der Himmelsrichtungen besitzen.«

Aber auch diese Skala von Fähigkeiten genügt noch nicht. »Kunst und Wissenschaft sind Zwillingsgeschwister«, sagt Friedrich der Große in seiner Grabrede für Knobelsdorff, »ihre gemeinsame Mutter ist das Genie«. Der Architekt muß also über eine besondere Art menschlicher »Architektur« verfügen, intellektuell, psychologisch und ethisch. Sein »Ich« wird angesichts all dieser Gaben nicht unterentwickelt sein, aber er muß es zügeln können. Er hat das Privileg, sein Werk zu sehen. Er verwirklicht sich dauerhaft, errichtet seinem Können ein gebautes Denkmal nach dem anderen.

Aber er muß sich im Moment der Kreation auch bewußt sein, daß, wenn das Bauwerk einmal geschaffen ist, andere es nicht nur sehen können, sondern es sehen und mit ihm leben müssen, und zwar für Jahrzehnte und manchmal Jahrhunderte. Dies ist ein Unterschied zur Literatur, der Malerei oder Musik, daß der Kunstliebhaber nicht wählen kann, ob er die ihn umgebenden Gebäude wahrnehmen will oder nicht. Diese Unweigerlichkeit des Bauwerks legt dem Architekten eine besondere Verantwortung auf. Seine Kunst unterliegt einer unmittelbaren gesellschaftlichen Verpflichtung, über die man im Bewußtsein einer kleiner werdenden Welt in zunehmendem Maße nachdenken muß. Für jeden Laien wäre es vermessen, darüber zu urteilen, welche Gewichtung und Reihenfolge die Architekten ihrer klassischen Trilogie von Festigkeit, Nützlichkeit und Schönheit geben sollten. Daß die Festigkeit mit zunehmendem technischen Fortschritt gegenüber den Anfängen an Bedeutung verlor, ist auch für den Nichtarchitekten nachvollziehbar. Bei Vitruv kam sie in der Rangordnung von »firmitas, utilitas, venustas« noch an erster Stelle. Schon Palladio setzte sie in seiner Sequenz von »Commodita, Perpetuità, Bellezza« an die zweite Stelle nach der Nützlichkeit. Sein und unser unschätzbares Glück ist es, daß seine Bauwerke dem Betrachter heute wie zu seinen Lebzeiten den Eindruck vermitteln, als habe er die Bellezza an die erste Stelle gesetzt.

Ich möchte nicht in den Verdacht geraten, ich wünschte mir, die heutige Architektur möge Palladios Stil imitieren. Respekt vor den Leistungen der Vergangenheit ist etwas anderes als Flucht in die Nostalgie. Als Schirmherr der »Deutschen Stiftung für Denkmalschutz« trete ich jedoch mit Nachdruck für die Bewahrung und Restaurierung des kulturellen Erbes der Städte und Dörfer, Kirchen und Klöster, Schlösser und Gärten ein, die einen unermeßlichen Schatz lebendiger und nutzbarer Architektur bilden. Vor Historismus sollten wir uns in der Tat hüten. Ihm konnten sich unsere Vorfahren im 19. Jahrhundert unbefangen hingeben, wie dieser Festsaal auf der Wartburg bezeugt. Wir treffen uns gern hier, weil wir keine Ansteckungsgefahr zu fürchten haben. Geschichtliche Kontinuität dagegen stärkt unsere Kraft, in unserer Gegenwart Neues zu gestalten.

Deshalb ist es eine der wichtigsten kulturellen Herausforderungen der Vereinigung Deutschlands, in den urbanen wie den ländlichen Landschaften der neuen Bundesländer – diesem besonders schönen alten Teil Deutschlands – nicht *die* Fehler zu wiederholen, die im Westen unseres Landes nach den Zerstörungen des Krieges durch gedankenlose Verdrängung alter Substanzen begangen wurden.

Ökonomischer Mangel hat in den östlichen Bundesländern nicht nur Fortschritt verzögert, sondern gerade städtebaulich und architektonisch mancherorts auch Fehlentwicklungen verhindert. Jetzt ist die Gefahr groß, daß wir im allzu verständlichen Wunsch nach sichtbarem wirtschaftlichem Aufschwung, raschem Ausbau der Infrastruktur und schneller Behebung der Wohnungsnot einige Fehler, die wir in den westlichen Bundesländern oft atemlos und blindlings begangen haben, nun sehenden Auges wiederholen. Der Mangel an erfahrenen, energischen und widerstandskräftigen Planern, Kommunalfachleuten und Architekten trifft auf Probleme in Überfluß. Fehler der Vergangenheit erkannt zu haben reicht deshalb bei weitem nicht. Erforderlich sind Beratung und Hilfe auf ganz breiter Ebene, nicht nur bei ausgewählten symbolträchtigen Sonderprojekten. Es ist ermutigend, daß die Architektenschaft sich dieser Aufgabe angenommen hat.

Gelegentliche Diskussionen um die angemessene Gewichtung von Sanierung vorhandener Bausubstanz und auch Rekonstruktion wertvoller Gebäude auf der einen und Neubau auf der anderen Seite sind im Einzelfall notwendig. In einer generellen Tendenz führen sie uns kaum weiter. Beides nährt sich aus derselben Quelle, der Liebe zur Architektur. Der ungeheure Bedarf wird dabei zweifellos den Neubau dominieren lassen.

Wo über Architektur gestritten wird, wird über Stile gestritten. Ist Traditionalismus nicht unehrlich, fragen die einen, moderner Funktionalismus unwirtlich die anderen? Oder, so hört man häufiger, besitzt unsere Zeit überhaupt die Kraft zur Bildung eines eigenen Stils? Über solche Fragen des Stils zu urteilen, werde ich mich, zumal im Kreise von Kennern, hüten.

Aber es erscheint mir einer Frage wert, ob die Stilfrage wirklich die Bedeutung besitzt, die ihr in der öffentlichen Diskussion beigemessen wird. Zeiten, in denen sich die Sprache der Architektur zum Stil verdichtete, haben auch in der Vergangenheit mit Zeiten des Umbruchs, der Stilbrüche gewechselt. Das waren Zwischenzeiten, und auch sie haben beeindruckende Bauwerke hervorgebracht. Das langsame Wachsen, Verändern und Anpassen von Architektur kann zu faszinierenden Ergebnissen führen. Die Wartburg selbst bezeugt es uns.

Die großen Stile zeichnen sich dadurch aus, daß sie vorangehen oder sich im Einklang befinden mit dem kulturellen und gesellschaftlichen Befund ihrer Zeit. Wenn wir heute die Verbindung zwischen der Architektur und der Gesellschaft herstellen, die sie baulich spiegelt, warum sollen wir dann den Mangel an einem allgemeingültigen Stil als Fehler beklagen? Wie sollte er denn sein? Zwar können wir technisch immer mehr, und wir sichern uns immer perfekter. Aber in unserer Suche nach Orientierung zeigt sich unsere ganze Unsicherheit. Dafür, daß dies so ist und sich in der Kunst widerspiegelt, sollten wir nicht die Künstler verantwortlich machen, statt dessen sollten wir dankbar sein für Offenheit und Pluralität unserer Gesellschaft. Die Gleichzeitigkeit unterschiedlicher Werte und Interessen, der freie und in seiner Freiheit geschätzte Wettbewerb zwischen ihnen sind bestimmend für die Realität der heutigen Gesellschaft. Wenn wir dies auch als Voraussetzung der Architektur akzeptieren, brauchen wir das Fehlen eines Stils nicht mehr zu beklagen, sondern können uns an der Vielfalt der architektonischen Richtungen erfreuen. Statt über Stile streiten wir dann vielleicht mehr und urteilssicherer über die Qualität des Bauens, die die eigentliche Kernfrage ist.

Allgemeingültig definieren läßt sich Qualität nicht. Deshalb reden viele mit. Warum auch nicht? Architektur ist die öffentlichste aller Künste. Und in der Demokratie ist die Öffentlichkeit der mächtigste Bauherr. In einer ungeregelten Mitbestimmung wirken alle zusammen, Experten in Jurys, Journalisten, Kronprinzen, Kommunalpolitiker und Laien, die – wie ich heute – ihre Anmerkungen und Beobachtungen beitragen.

Schönheit ist nicht der einzige Maßstab für Qualität beim Neubau. Dennoch wünsche ich mir möglichst oft eine Wiederbegegnung mit der gerade erwähnten palladianischen Magie, Gebäude, die für einen bestimmten Zweck errichtet werden, so zu bauen, als habe die Schönheit an erster Stelle der Trilogie gestanden. Auch unter den Bauten unserer Zeit, die der Forderung der »klassischen Moderne« entsprechen, daß die Form der Funktion zu folgen habe, gibt es zwei Arten: schöne und weniger schöne. Demonstriert zu haben, daß dies keineswegs primär an den Kosten hängt, bleibt über alle modernen Stilrichtungen und Materialien hinweg ein historisches, bis heute aktuelles Verdienst des Bauhauses.

Beispielhafte Architektur steht nicht im Widerspruch zu Wirtschaftlichkeit und Sparsamkeit. Auf den ersten Blick ist das preisgünstigste Bauwerk ein Würfel ohne Vor- und Rücksprünge. Die Frage ist, ob dies auch in der langfristigen Rechnung so ist. Eine Addition von Räumen ergibt keine Architektur, eine Agglomeration von Gebäuden ergibt keine Stadt, die planlose Anhäufung billiger Baumasse verbraucht Landschaft und zerstört Umwelt und beschädigt die Menschen. Nachdem vorhin eine kritische Bemerkung zum Wiederaufbau im Westen fiel, muß nun auf die seelenlose Plattenbauweise hingewiesen werden, die von der Elbe bis Wladiwostok Neubau zum Synonym für öde Wohnunkultur hat verkommen lassen.

Stadtteile, wie aus Containern zusammengewürfelt, und Großkarrees sind nicht nur unschön, sie können auch böse Sozialfolgekosten nach sich ziehen. Reihenweise auf billigem Baugrund in die Landschaft gesetzte Supermärkte ermöglichen zwar »economies of sale«, verursachen aber durch Verödung der Stadtkerne, durch den Zwang zum Auto, zu Straßen- und Parkplatzbau verdeckte öffentliche und private Kosten, die selten zu Lasten der unmittelbaren Verursacher aufgemacht werden.

Damit soll nicht etwa verschwenderischem Bauen das Wort geredet werden. Aber wenn man an die ästhetische, soziale und ökologische Verantwortung des Architekten und des Bauherrn denkt, kann Architektur nicht reduziert werden auf einen wirtschaftlichen Vorgang oder ein Warenangebot. Bauen ist ein so langfristig angelegter verantwortungsvoller Vorgang, daß unsere Gesellschaft zwar an der Bequemlichkeit sparen kann, nicht aber an der Qualität der Architektur.

Dies gilt gerade auch für den sozialen Wohnungsbau, dessen Probleme sich heute mit neuer Aktualität stellen. Zu Beginn der achtziger Jahre schienen die Wohnungsprobleme in der Bundesrepublik, soweit sie sozialer Betreuung bedurften, so gut wie gelöst. Inzwischen haben wir aber wieder einen starken Wohnungsmangel zu verzeichnen, der sich keineswegs nur auf die neuen Bundesländer erstreckt.

Die politischen Entscheidungsträger in den Gemeinden neigen leider ebenso wie ihre Kollegen der größeren Gebietskörperschaften oftmals dazu, die Entwicklungszeiträume ihres Zuständigkeitsbereiches mit ihren eigenen Wahlperioden gleichzusetzen. Dies führt zu Kurzatmigkeit, Sprunghaftigkeit und, wie gesagt, unkalkulierbaren Folgekosten.

In den neuen Bundesländern besteht ein besonders dringender Handlungsbedarf. Nach alten DDR-Statistiken verfügte hier jeder Einwohner über durchschnittlich 27 qm Wohnfläche, wobei die vorhandene Bausubstanz zum überwiegenden Teil schlecht ist. 12 Prozent aller Wohnungen stammen aus der Zeit vor 1919, und jede fünfte Wohnung gilt als unbewohnbar.

Rein statistisch ist die Wohnungsversorgung in den alten Bundesländern im Vergleich hierzu gut. Bei relativ hohem Qualitätsstandard verfügt jeder Einwohner über durchschnittlich 35,5 qm Wohnfläche, was international nur von der Schweiz übertroffen wird. Eine zu statistische Betrachtungsweise hat aber übersehen lassen, daß der Markt, auch mit seiner sozialen Ergänzung durch ein Wohngeld für Bedürftige, alleine nicht imstande ist, ausreichend Wohnungen für kinderreiche Familien, Einkommensschwache und soziale Problemgruppen zu erzeugen. Es ist allemal ertragreicher, die Wohnungsansprüche Gutverdienender auch zu hohen Preisen zu befriedigen, als für Wohngeldbezieher Raum im Sozialstandard anzubieten. Dieser Irrtum ist jedoch erkannt. Der soziale Wohnungsbau erfährt seine notwendige Wiederbelebung.

Das Recht auf Wohnraum ist ein fundamentales Bedürfnis, und seine Erfüllung ist eine politische Aufgabe ersten Ranges. Der große zusätzliche Wohnungsbedarf, vor allem in den neuen Bundesländern, muß schnell gedeckt werden. Die hierin liegende Gefahr ist, daß die Qualität zu kurz kommt, die Qualität der Entwürfe, der Materialien und der Ausführung, wie dies in den Nachkriegsjahrzehnten in den alten Bundesländern vielfach geschehen ist. Verhängnisvoll wäre es, wenn wir wieder in die Wohnbauideologie der sechziger und siebziger Jahre verfallen würden und uns nur die Bewältigung der reinen Zahl zum Ziel setzten.

Gefragt ist keine monotone Plattenarchitektur. Das spricht nicht gegen Standardisierung. Materialien, Methoden, Techniken dürfen standardisiert werden, doch niemals die Ergebnisse, das Produkt des Bauens.

Monotonie im Wohnungsbau ist keine zwangsläufige Konsequenz industriellen Bauens. Sie ist vielmehr die Folge eines Mangels an Architektur im Umgang mit den vorhandenen Materialien und Methoden.

Die Jury des Deutschen Architekturpreises hat wiederholt auf eine stärkere Beachtung des Wohnungsbaus hingewiesen. Das möchte ich eindringlich unterstützen. Nach meiner Beobachtung gibt es eindrucksvolle Leistungen großer Architektur für öffentliche wie private Auftraggeber. Wettbewerbe, Preise, Internationalität, ein aufgeschlossenes publizistisches Klima wie auch der Reiz des Spektakulären für den Architekten selbst sorgen hier für die Entfaltung der Talente.

Ein Gang durch Wohnungsgebiete jedoch mit Häusern, die ohne Gesicht und Proportion wie aus den Sonderangeboten der Baumärkte zusammengetragen wirken und es oft auch sind, offenbart einen besorgniserregenden Mangel an architektonischer Kultur. Sicher gibt es beim Bau von Privathäusern qualitätsvolle Bauwerke, von denen man sich wünscht, sie würden beispielgebend wirken. Aber zumeist handelt es sich dabei zu sehr um eine Villenarchitektur, als daß sie auf den Eigenheimbau in der Breite positiv einwirken könnte.

Es dürfte Fachleuten nicht schwer fallen, mir von der Freiheit auch des schlechten Geschmacks bis zu ökonomischen Zwängen viele Gründe entgegenzuhalten, die den Architekten von der Verantwortung für diesen Mißstand freisprechen. Dennoch halte ich Resignation für verfehlt, Nachdenken über Verbesserungsmöglichkeiten lohnenswert. Als außenstehender Laie, wie gesagt, frage ich mich zum Beispiel, weshalb es keinen überregionalen Markt für Architektenentwürfe gibt, die es Eigenheimbauern erlauben, einen guten Plan einzukaufen? Oder tritt man – als Unkundiger – damit verantwortlichen Standesinteressen zu nahe?

Neben der betriebswirtschaftlichen Ökonomie der Baukosten und der sozialen Ökonomie des Wohnungsbaus erlauben Sie mir noch einige

Worte zu einer dritten Ökonomie, die mich seit langem beschäftigt und die sich früher oder später bei uns als die größte Herausforderung der Architektur erweisen könnte: die Ökonomie des Raumes. Ökonomie ist die Bewältigung von Knappheit. Immer mehr erweist sich die uns durch die Schöpfung gegebene Natur, in der wir leben, als eines unserer knappsten und daher kostbarsten Güter. Fast ist man versucht, von einer Umkehrung der Aufgabenstellung der Architektur zu sprechen. Nachdem die Aufgabe, den Menschen vor den natürlichen Elementen zu schützen, mit so durchschlagendem Erfolg gelöst ist, daß man in manchen Regionen der Erde, und leider gerade auch in unserem Land, nach unverbauter Natur geradezu suchen muß, gilt es nun, die Natur vor der Zivilisation zu schützen.

Vom gewohnten Umgang mit dem Raum als umbautem Raum wird der heutige Architekt mehr und mehr seine geistige Kraft verlagern müssen auf den Umgang mit dem äußeren Raum der natürlichen, ländlichen oder auch städtischen Umwelt. Der Streit um die ästhetische und humane Qualität von Manhattan wird nie verstummen. Begeisterung und Entsetzen sind doch gleichermaßen verständlich, und ich teile sie. Aber wer die Stockwerkzahlen in Manhatten auf fünf reduzieren wollte, müßte nicht nur den Central Park opfern, sondern auch die heute schon weit in die umliegenden Landschaften wuchernde Megalopolis der Vorstädte endlos ausdehnen.

In Frankfurt stehen wir heute vor vergleichbaren Fragen. Daß man auch wichtige wertschöpfende Funktionen in die Tiefe verlagern könnte, zeigt modellhaft das Beispiel der Zentralbibliothek der Deutschen Klassik in Weimar, die erwägt, ihr Magazin zur Schonung des Stadtbildes als Tiefmagazin unter dem früheren Fürstenplatz zu erweitern.

Was immer die Kreativität der »ersten aller bildenden Künste« uns bringen mag, die scheinbar immer schnellere Wucherung raumverschlingender Flachbauten an Ortsrändern, in Industriegebieten oder mitten in noch unerschlossener und daher billiger Natur werden wir zügeln müssen, wenn wir Landschaft noch haben und pflegen wollen.

Reisen durch Brandenburg und Mecklenburg-Vorpommern zeigen, über welche unverhofften Landschaftsschätze das vereinte Deutschland noch verfügt – und wie gefährdet sie sind. Niemand zweifelt an der betriebswirtschaftlichen Ökonomie der autogerechten Gewerbeflächen. Sache der Architekten ist es zu zeigen, daß diese Vorteile nicht nur ebenerdig auf der grünen Wiese, sondern auch durch intensivierende Bauten in bereits bestehenden Stadt- und Industriegebieten erwirtschaftet werden können.

Ähnliches gilt für den uns allen immer noch so teuren Kult des Wohnens im umzäunten Eigenheim mit Garten. Wir müssen über die Grenzen des Wachstums von »Suburbia« nachdenken. Die Architekten sind herausgefordert zu demonstrieren, wie wir individuell und doch näher beieinander, das heißt schonender für die Natur und uns alle, wohnen können.

Die Geschichte der Architektur ist reicher als man denkt an Beispielen für eine fundamentale Erfahrung: Die Sparsamkeit der Ausdrucksmittel ist eines der Geheimnisse ihrer Ausdruckskraft. Dieses Geheimnis sollte gerade im Hinblick auf die Raumökonomie wiederentdeckt werden.

Von den Anfängen bis zur Gegenwart haben Architekten es stets zu Recht als ihre vornehmste Aufgabe angesehen, der Umwelt eine neue Form zu geben. In Zukunft werden sie zunehmend ihren Ehrgeiz darauf verwenden müssen, die Form des Bauwerks zu einem beträchtlichen Teil aus seiner räumlichen Umwelt abzuleiten. Ich frage mich, ob Ökonomie in diesem Sinne es nicht wert ist, zu einem vierten Gebot der Architektur neben der Trilogie der Nützlichkeit, Festigkeit und Schönheit zu werden.

Ich habe schon angedeutet, wie tief mich die Schonung der Schöpfung beschäftigt. Natürlich habe ich mir, als ich Anfang des Jahres die Einladung annahm, heute zu Ihnen zu sprechen, die Frage gestellt, wie weit ich als Laie solche Sorgen als Teil Ihres Befundes darstellen kann und darf. Um so erleichterter bin ich angesichts des heute ausgezeichneten Werks und der Begründung der Auszeichnung durch die Jury. Das Postamt 3 in Köln zeigt beispielhaft, so hebt die Jury hervor, wie beim Bauen in den historisch gewachsenen Kernen unserer Innenstädte der Konflikt zwischen notwendiger Baumasse und Maßstäblichkeit des Quartiers, also des Umfeldes, gelöst werden kann. Die Preisträger haben auf die in dem Gebäude arbeitenden Menschen ebenso Rücksicht genommen wie auf alle, die das Gebäude von außen als Teil des städtischen Raumes erleben. Die Jury spricht mir, wenn ich das sagen darf, aus dem Herzen.

Und lassen Sie mich einen persönlichen Eindruck hinzufügen. Wir sehen ein Gebäude, dessen Form ohne jeden Zweifel der Funktion folgt. Aber seine Masse erdrückt uns nicht wie die so vieler anderer funktionaler Bauten. Dieses Bauwerk hat eine Leichtigkeit und Transparenz, die nicht nur raumökonomisch, sondern auch ästhetisch bestechend wirkt. Mit einem Wort: die Schönheit konkurriert so wirksam mit der Nützlichkeit, daß man nachdenken muß, welches Gebot hier wohl an erster Stelle stand. So möge es immer sein.

1

Postamt Köln 3, Köln

Professor Dipl.-Ing. Joachim Schürmann und Dipl.-Ing. Margot Schürmann, Köln
Mitarbeiter: Wolf Dittmann (Koordination), Christian Becker und Wilfried Euskirchen (Projektbearbeitung), Heinz Bühr, Ulla Dams, Günther Frings, Herbert Holler, Johannes Kister, Siegfried Kolbe, Margaretha Lange, Michael van Ooyen, Marcin Orawiec, Michael Peterek, Ruth Raasch, Klaus Schmitz-Gielsdorf, Gudrun Schmitz-Jacobi, Franz Stadler, Till Stelling, Herbert Süselbeck, Stefan Tacke, Georg Wenzel
Bauherr: Deutsche Bundespost, Oberpostdirektion Köln

2

1
Alte Post und neue Post

2
Modell der Gesamtanlage

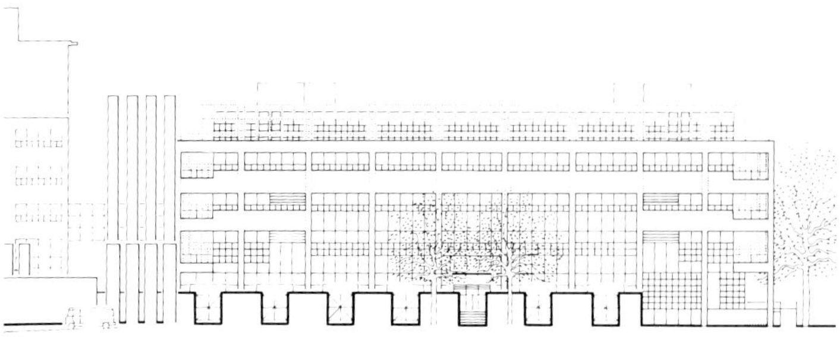

3

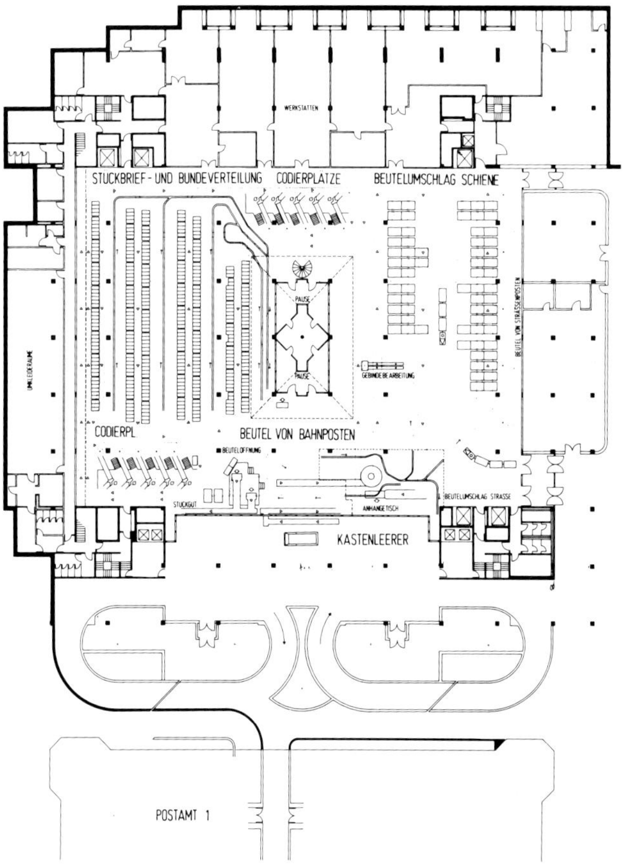

4

Das Bauen in den historisch gewachsenen Kernen der Innenstädte stellt eine der zentralen Aufgaben in unserer Zeit dar. Wie dabei die oft aufbrechenden Konflikte zwischen notwendiger Baumasse und Maßstäblichkeit des Quartiers gelöst werden können, zeigt beispielhaft das Postamt 3 in Köln, ein Briefverteilungsamt.

Das Gebäude nimmt in seiner äußeren Form die Blockrandbebauung des alten Postgebäudes auf, bleibt in seiner Größe durch Ausnutzung der Baublocktiefe begrenzt, senkt optisch die Höhe der Traufkonstruktion durch Zurücksetzung des vierten Obergeschosses ab, legt den ruhenden Verkehr sowie die Anbindung an die Schiene in das erste Untergeschoß und schafft so ein klar konstruiertes ruhiges Geviert.

Innerhalb dieses Gevierts legen sich die Betriebsräume in den unteren Geschossen in konzentrischer Anordnung um einen verglasten Innenhof und die Büroräume im Obergeschoß; beide Bereiche sind miteinander verbunden durch vier an den Ecken angeordnete Kerne – ein Thema des alten Postgebäudes aufnehmend und abwandelnd. So ist aus der geistigen Durchdringung der funktionalen Anforderungen ein neuer Gebäudetypus entstanden. In diese wohlüberlegte sinnvolle An- und Zuordnung der Bereiche schiebt sich die mehrgeschossige Eingangshalle, raumschaffend und Räume verbindend.

Das alles ist vorgetragen mit unverwechselbaren Mitteln unserer Zeit und zu einer Form gestaltet, die durch Klarheit und Rücksichtnahme auf die im Gebäude arbeitenden Menschen ausgezeichnet ist, aber ebenso auf jene, welche das Gebäude als Teil des städtischen Raums erleben. Das zeigt sich in allen Einzelheiten, in sorgfältig gestalteten Details, aber auch in der nun trichterförmigen Ausweitung der Stolkgasse mit ihren Arkaden und der Baumbepflanzung.

Die Lüftungsanlage ist mit einem Wärmerückgewinnungssystem ausgestattet, das eine beachtliche Energieeinsparung ermöglicht. Die Wärmeversorgung erfolgt aus dem Fernwärmenetz der GEW-Köln. In dem vorgeschalteten Heizkraftwerk werden Wärme und Strom mit einem hohen Gesamtnutzungsgrad aus Erdgas erzeugt. Diese effiziente Art der Energieerzeugung ist eine bewährte und zukunftsweisende Technik, die zur Bewältigung der befürchteten Klimaveränderungen durch den zunehmenden Treibhauseffekt beitragen kann.

3
Ansicht an der Ursulastraße 1:1000

4
Grundriß Untergeschoß 1:1000

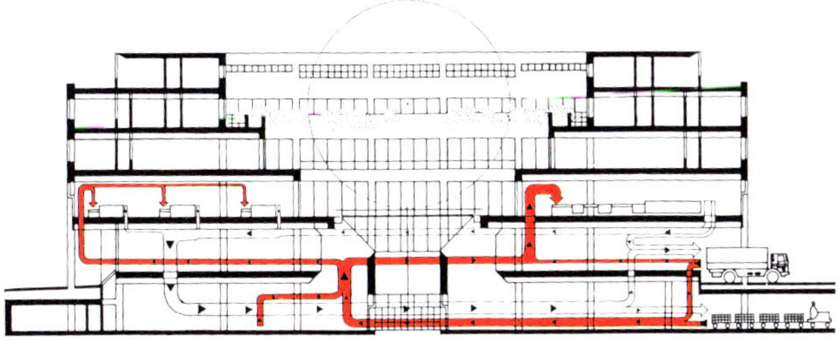

5

7

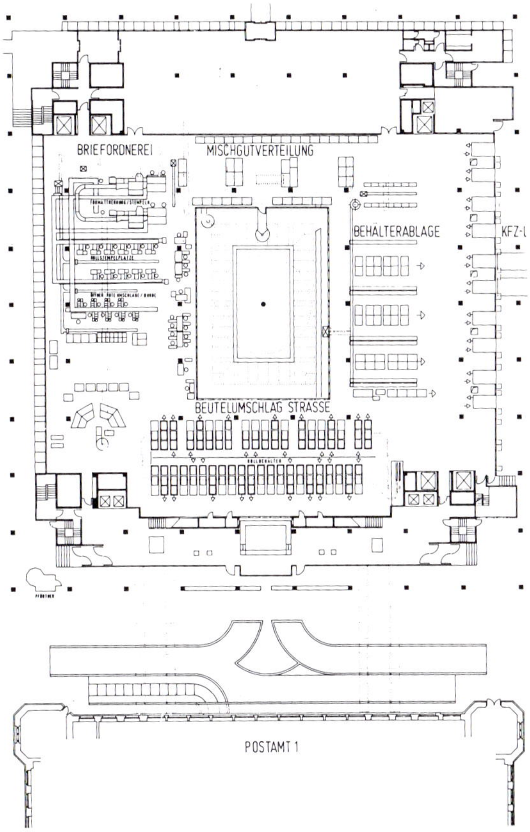

6

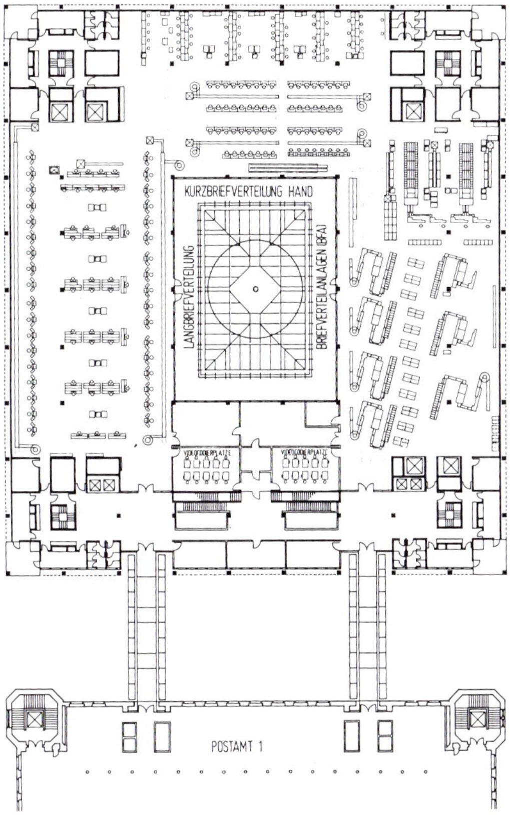

8

5
Querschnitt mit Betriebsfluß 1 : 1000

6
Grundriß Erdgeschoß 1 : 1000

7
Ansicht mit Anschluß an die alte Post

8
Grundriß 1. Obergeschoß 1 : 1000

9

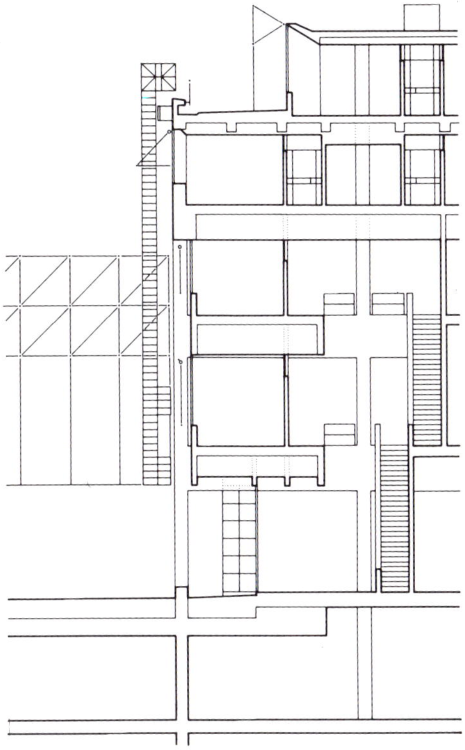

10

11

9
Erschließungsflur

10
Schnitt Eingangshalle

11
Eingangshalle

12

12
Ansicht von der Ursulastraße

13
Detailansicht Ursulastraße

14
Fassadengliederung Innenhof

15
Blick vom neuen Postgiroamt zur alten und zur neuen Post

13

14

15

17

16
Innenhof

17
Eckausbildung mit eingezogener Fassade

Harald Deilmann

Wohnen in der Innenstadt

Das Thema ist so alt wie die Geschichte der Stadt selbst. Das heißt, bis in die Neuzeit hinein war es kein Thema, es war eine Selbstverständlichkeit. Stadt – und das war die Innenstadt – ist immer Wohnstandort gewesen. Stadt war der zentrale Lebensraum für alle menschlichen Aktivitäten, die bis zu den umwälzenden Veränderungen des Maschinenzeitalters weitgehend im eigenen Haus vereint waren. Die Großfamilie war die Kernzelle des täglichen Lebens in der Stadt.

Aber es geht nun nicht darum, was war, sondern um die Frage, was wird, nachdem mehrheitlich erkannt worden ist, daß die Flucht der Stadtbewohner in die Außengebiete gestoppt werden und es durch Rückbesinnung zur Umkehr kommen muß. Die Frage muß richtiger heißen, was können wir heute dazu beitragen, welche Möglichkeiten gibt es heute, um die Trendwende zu bewirken. Denn das Problem ist nicht neu, nicht jetzt erst erkannt worden, und es hat auch nicht an Bemühungen in der jüngsten Vergangenheit gefehlt, Alternativen aufzuzeigen zum »Häuschen im Grünen« am Stadtrand. Erinnert sei an die Stadthausaktion der Bundesregierung in den siebziger und achtziger Jahren, durch die mit erheblichem Förderungsaufwand für das Wohnen in den Innenstädten geworben wurde. Ziel dieser Aktion war es, zeitgenössische Wohnhausformen zu entwickeln, die sich als Ein- oder Mehrfamilienhaus-Einheiten mit hohem Wohnwert, vor allem auch bezogen auf die Freiraumnutzung, in innerstädtische Strukturen integrieren ließen. Es ging um die Wiederentdeckung der Stadtvilla, das städtische Doppelhaus, das städtische Reihenhaus, das städtische Mehrfamilienhaus, das Hofhaus und eben auch um neu zu entwickelnde Hausformen mit urbaner Charakteristik. Es ist dabei erkennbar geworden, daß der Wohnungsbau in innerstädtischen Verdichtungsgebieten keineswegs als verrufener Massen-Miethausbau realisiert werden muß. Und dort, wo der Geschoßwohnungsbau aus städtebaulichen Gründen unvermeidlich zu sein schien, haben exemplarische Lösungen bewiesen, daß auch durch Stapelung von Mehrgeschoßhäusern neue, attraktivere Wohnhausangebote entwickelt werden können.

Der aktuelle Anlaß zur Neubehandlung des Themas ergibt sich aus der Auseinandersetzung mit Wohnungsbestand und Wohnungsbedarf in den neuen Bundesländern und den daraus abzuleitenden Empfehlungen für Instandsetzungs-, Erneuerungs- und Neubaumaßnahmen, differenziert nach den unterschiedlichen Standorten, durch die möglichst vermeidbare Fehler ausgeschaltet werden sollen. Wenn letzteres aufgrund unserer Erfahrungen gelingen sollte, so wäre das ein gewisser Trost im Hinblick auf unsere bisherigen irreversiblen Fehlleistungen.

Man muß dazu auf den Kern der Sache zurückgehen (ich benutze dazu Äußerungen, die ich bereits vor über zehn Jahren veröffentlicht habe und die in der Zwischenzeit nichts an Gültigkeit verloren haben). Denn zunächst geht es gar nicht um Erscheinungsformen des Wohnhauses und auch nicht in erster Linie um dessen Standortbezug. Es geht zunächst um den Inhalt des Hauses. Die meisten unserer heutigen Wohnungen lassen wenig, und zum Teil gar nichts, von den Veränderungen ahnen, die sich in den letzten hundert Jahren vollzogen haben. Die Wohnungen sind auf eingefrorene Einheitsvorstellungen ausgerichtet. Traditionen, die ganz anderen Lebensbedingungen entstammen, werden fortgesetzt. Überholte Leitbilder haben sich in gesetzlichen DIN-Normen und standardisierten Wohnwertvorstellungen bis in die Gegenwart hinein verfestigt.

Klischeehafte und gerade deshalb ungeheuer wirksame Vorstellungen von »Wohnlichkeit und schöner Wohnung« bestimmen weitgehend unser Denken: repräsentatives Wohnzimmer mit Couchgarnitur und Eßecke, mehr auf Darbietung als auf Benutzung angelegt; Schlafzimmer mit Ehe-Katafalk und großem Schrank – tagsüber leer und unbrauchbar, aber mit Tagesdecke; Kinderzimmer in Mini-Größe und Mini-Ausstattung, zum Spielen kein Platz; abgetrenntes Küchengetto, in dem man kalte Füße bekommt; eine Hygienezelle, die die Bezeichnung Bad nicht verdient – um nur einiges zu nennen.

Die heute gebauten Wohnungen stimmen nur selten mit den Bedürfnissen der Benutzer überein. Notlösungen sind die Folge, denn der festgefügte Grundriß läßt individuelle Interpretationen nicht zu. Niemand weiß so recht, wer wann, wie, wo und für wen Wohnungen plant. Eine echte Wohnungs-»Wahl« ist praktisch unmöglich. Das Angebot ist infolge des immer noch bestehenden Bedarfsüberhangs klein und entspricht genau den Standardvorstellungen von *der* Einheitswohnung.

Die immer wieder nach gleichen Mustern erstellten Wohnungen sind sicher abzusetzen, gleich welchen Grundriß sie haben und wo auch immer sie liegen. Eine beschränkte Wahlmöglichkeit unter verschiedenen Alternativen ist in geringem Umfang nur bei Eigentumswohnungen gegeben. Wir können hier die glücklichen Besitzer von nach eigenen Wünschen gebauten Einfamilienhäusern außer Betracht lassen. Um so mehr tut es not, die übrigen Wohnungskonsumenten auf die ungünstigen Umstände aufmerksam zu machen, denen sie ausgesetzt sind. Unablässig werden Wohnungen weiter produziert, ohne auf die spezifischen Bedürfnisse des Einzelmenschen von heute und auf die veränderten Organisationsformen seines Zusammenlebens einzugehen – wobei nicht nur die Kleinfamilie (Vater, Mutter, Kind), sondern auch andere Wohngemeinschaften in Betracht gezogen werden müssen.

Immer noch wird die fertige, bis ins einzelne vorbestimmte Wohnung (meist in drei Größen) nach derzeitigen Förderungsrichtlinien eines sogenannten sozialen Wohnungsbaus oder nach Spekulations- und Renditegesichtspunkten der mächtigen Wohnungswirtschaft geliefert. Dem Wohnungssuchenden bleibt meistens nichts anderes übrig, als das Angebot anzunehmen, und das heißt in der Regel Unterwerfung des Menschen unter vorgegebene Bedingungen der Wohnung statt Anpassung der wichtigsten Umgebung des Menschen, seiner Wohnumgebung, der dritten Haut, an die unterschiedlichen Wohnvorstellungen und differenzierten Verhaltensweisen. »Erst bauen wir unsere Umwelt und dann gestaltet diese uns«, ein zwar vielzitierter Ausspruch des amerikanischen Philosophen Emmerson, der auf die Wechselwirkungen von Leben und Umgebung hinweist, aber kaum beherzigt wird. Das, was der sozialkritische Berliner »Miljöh«-Zeichner Zille drastischer ausgedrückt hat mit den Worten: »Man kann einen Menschen mit seiner Wohnung erschlagen wie mit einem Beil.«

Die Wohnungsphantasie vieler Menschen ist offenbar verschüttet; man hat sich der unbefriedigenden Wirklichkeit angepaßt. Neue Bauvorhaben, Werbung, Möbelindustrie, Nachbarn, Freunde, Verwandte – sie alle tragen immer wieder und immer weiter dazu bei, daß sich die Wohnungen im Prinzip gleichen, daß sich die Auffassungen von Wohnlichkeit immer mehr annähern und immer stärker nivellieren.

Die Wohnung sollte jedoch baulicher Rahmen sein für alle jene sozialen Prozesse, die unsere persönliche Entfaltung ausmachen. Wohnverhalten und Wohnerlebnis sind selbstverständlich nicht allein aus diesen »eigenen vier Wänden« heraus zu entwickeln. Gebäude, Nachbarschaft, Stadtviertel, ja, die ganze Stadt mit all ihren Einrichtungen bestimmen unser Wohnen. Nach dem Arbeitsplatz ist die Wohnung im engeren Sinne aber der Ort, wo wir den größten Teil unseres Lebens verbringen. Sie muß daher Gegenstand besonderer Aufmerksamkeit sein.

Zunächst muß sich der einzelne mit dem Problem des Wohnens selbst auseinandersetzen, um eigene Wohnvorstellungen und Wohnwünsche entwickeln zu können. Die bei vielen brachliegende Wohnphantasie muß angeregt werden. Die Nachfrage muß verändert, verborgene Wünsche müssen an die Oberfläche befördert werden. Bedürfnisse müssen benannt werden. Die kritische Auswahl muß an die Stelle einer rein passiven Konsumentenrolle treten. Die Beschäftigung mit schönen verlockenden Journalen ist zwar anregend, reicht aber zur kritischen Bewußtseinsänderung nicht aus. Um neue Bedürfnisse artikulieren zu können, müssen die gewandelten Bedingungen analysiert werden. Um sich von überlieferten Verhaltensmustern und nicht mehr zutreffenden Vorurteilen befreien zu können, muß die Differenz erkannt und die sich daraus ergebende Distanz des eigenen Standpunkts gewonnen werden.

Es ist weder zu leisten noch zu wünschen, daß an die Stelle der alten standardisierten Wohnklischees die neue progressive Norm tritt, die Entwicklung der Wohntendenzen geht keineswegs eindeutig in eine Richtung; gegensätzliche Möglichkeiten mit jeweils unterschiedlichen Vor- und Nachteilen entsprechen ganz verschiedenen Bedürfnislagen. Insofern sollte man nicht zu irgendwelchen neuen Vorstellungen überzeugen oder überreden, sondern tradierte Denkweisen verunsichern und Anregungen zu vertiefter Beschäftigung mit dem Wohnproblem geben. An alternativen Möglichkeiten können eigene Wünsche erkannt und präzisiert werden. Bessere Informationen sollen eigene Entscheidungen vorbereiten.

Welche Konsequenzen haben diese Veränderungen auf den zukünftigen Wohnungsbau? Wie bereits erwähnt, dürfen wir nicht in den Fehler verfallen, daß wir angesichts der offenbaren Diskrepanz zwischen Wunsch und Wirklichkeit das heute als richtig Erkannte zum neuen Klischee für morgen erstarren lassen und darauf unser zukünftiges Wohnungsprogramm abstellen. Die Wohnung darf die Entwicklung des Wohnens nicht behindern. Der Mannigfaltigkeit der verschiedenen Möglichkeiten muß der erforderliche Spielraum gegeben werden. »Wandlungen und Erneuerungen der individuellen Daseinsformen und des Zusammenlebens« müssen sich weiterhin in der Wohnung vollziehen können. Die Wohnung muß nicht nur daraus resultierende Veränderungsbedürfnisse offen halten, sondern spielerische, experimentelle Aktivitäten als »Quelle erlebniserfüllter und lustvoller Daseinserweiterung« (Haselhoff) ermöglichen.

Die anpassungsfähige Wohnung mit größtmöglicher Nutzungsneutralität muß deswegen das Ziel sein. Dabei geht es um Anpassungsfähigkeit an sich ändernde Familiengrößen, an wechselnde Ansprüche und Auffassungen, an mögliche Veränderungen der Benutzergruppen, um Anpassung an technische Innovationen, selbstverständlich auch um unterschiedliche Angebote entsprechend differenziertem finanziellen Leistungswillen und Leistungsvermögen. Die Entwicklung muß vom statischen Wohnhaus und der festgefügten Wohnung zum kombinierten Gefüge veränderbarer Wohneinheiten führen. Ein großer Anteil des Umzugsbedarfs ließe sich durch anpassungsfähige Wohnungen vermeiden, wobei nicht nur die praktischen und finanziellen Vorteile der Bewohner, sondern auch soziologische Begründungen gesehen werden müssen. Denn es sollte unbedingt vermieden werden, daß jemand seine vertraute gebnissen der Bundesforschungsanstalt für Landeskunde und Raumordnung im Oktober 1991 ist die Entwicklung auch in den Neubaugebieten »dramatisch«. Dort fällt die »relativ hohe Zufriedenheit des Juni (49 %) um 16 % auf 33 %«. In den Altbauquartieren ist die »schon relativ niedrige Zufriedenheit von Mietern ... im Juni 1990 (39 %) noch einmal um 10 % auf 29 % zurück ...« gegangen.

Ohne ein Wohnungsprogramm, das die Probleme, die Wünsche und Hoffnungen der Bürger innovativ aufnimmt, wird das Wohnungsproblem weder quantitativ noch qualitativ zu lösen sein. Wenn von Politikern, Wohnungsbaugesellschaften, Planern und Architekten keine innovativen, glaubwürdigen, das heißt bezahlbaren Konzepte vorgelegt werden, sucht der einzelne sein Heil wieder draußen vor der Stadt im freistehenden Einfamilienhaus. Der Druck auf die Kommunalpolitiker hat schon eingesetzt. Die Makler legen bereits Vorräte an, und später müssen dann die Steuerzahler die teure Infrastruktur für die neuen »Wildschweingebiete« bezahlen.

Wenn man dies nicht will, sind für die kommenden Jahre zwei Folgerungen zu ziehen:

1. Beim Neubau sind nur Wohnformen sozial, wirtschaftlich und stadtpolitisch erfolgreich, die den Perspektiven der Bewohner innovativ entsprechen.
2. Privatisierung und Vermietung der Wohnungsbestände auch in den großen Plattenstädten der neuen Länder wird in schnell zunehmendem Maße ebenfalls von der Erfüllung dieser Perspektiven abhängen.

Es ist deshalb notwendig, in Zukunft den Bewohner, den Mieter als den eigentlichen Bauherrn des Wohnungsbaus zu verstehen. Viele halten diese Innovation für unmöglich. Doch sie sollten bedenken: die heute bewunderte Gestalt, Vielfalt und Schönheit alter Städte war das Ergebnis auch der »Freiheit der Bürger, das eigene Stadtzuhause mitzugestalten«, wie W. Braunfels in seiner Untersuchung europäischer Stadtbaukunst nachgewiesen hat. Gefordert ist deshalb die innovative Kreativität aller Bürger, der Politiker, der Stadtverwaltungen, der Architekten und der Bewohner.

Dazu noch ein letztes Beispiel: In den Jahren 1984/85 entstand in Hamburg am Oberlauf der Alster eine neue Wohnanlage mit circa 450 Wohnungen. Sie ist inzwischen als ein Vorbild für innovatives Bauen anzusehen. Der städtebauliche Grundentwurf und der Gestaltungsrahmen stammten von dem Amsterdamer Architekten Professor Alberts. Bezeichnend für das Konzept sind lebendige, verschieden breite, verkehrsberuhigte Straßenräume und Wohnhöfe. Vier Genossenschaften und mehrere Bauträger haben in sympathischer Konkurrenz unter Beweis gestellt, daß man im Rahmen eines Gestaltkonzepts sehr verschiedenartige, architektonisch reizvolle Lösungen entwickeln kann. Die Siedlung hat inzwischen zahlreiche städtebauliche und Architekturpreise erhalten.

Das Entscheidende ist jedoch: das Wohngebiet, die Häuser, Straßen und Plätze werden von den Bewohnern als ihr Quartier geschätzt und geliebt.

Die Innovationen der beteiligten Planer und Architekten haben den Bürgern den Raum geboten, ihren eigenen Lebenserfahrungen, ihren »Innovationen« Leben zu geben. Es ist eine neue Wohnqualität, ein neues Stadtzuhause entstanden.

9

9
Wohnsiedlung »Anzuchtgarten«
Hamburg-Alsterdorf
Planungsgruppe Prof. Laage

Heinz Windfeder

Wärmeversorgung von Wohnbauten

Die Verleihung des Deutschen Architekturpreises 1991 im behaglich temperierten Palas der Wartburg läßt die Teilnehmer vergessen, wie dürftig die Aufenthaltsräume der Wartburg nach ihrer Entstehung jahrhundertelang beheizt waren. Offene holzbeheizte Kamine sorgten für unregelmäßige Wärme, und gelegentlich auch für Rauch und Ruß.

Fortschrittlich waren da schon die späteren, ebenfalls mit Holz beheizten Öfen. Doch wurde die Mühsal vor, während und nach dem Heizen wahrscheinlich nicht so sehr als Last empfunden, da man bequemere Methoden der Wärmeerzeugung damals noch nicht kannte.

Die heute im Wohnungsbau hauptsächlich angewendeten Warmwasserheizsysteme erfüllen dagegen alle Behaglichkeits- und Komfortansprüche. Selbst die vor allem in älteren Gebäuden anzutreffenden Ofenheizungen – nach der heutigen Bezeichnung sind dies Einzelraumheizer – bieten einen akzeptablen Heizkomfort, insbesondere wenn es sich um Geräte handelt, die nicht manuell mit Brennstoff versorgt werden müssen, wie zum Beispiel die Gas-Einzelraumheizer.

Heizsysteme

Etwa drei Viertel aller Wohnungen in Westdeutschland und rund die Hälfte der Wohnungen in Ostdeutschland werden mit Warmwasser-Zentralheizungen beheizt. Dabei werden als Heizflächen in den Wohnungen überwiegend Radiatoren verwendet.

Daß sich dieses System in vielen Jahrzehnten behauptet hat, daß es sich von der einstmaligen Schwerkraftheizung zur jetzigen Pumpenheizung entwickelte und auch die heutigen energiesparenden Anforderungen erfüllt, ist auf mehrere vorteilhafte Merkmale zurückzuführen:

- gleichmäßige Wärmeverteilung in den Räumen;
- hoher Strahlungswärmeanteil der Heizkörper (Behaglichkeitskriterien).
- gleichbleibende Raumtemperaturen durch moderne Regelungstechniken (witterungsgeführte Vorlauftemperaturregelung, Heizkörper-Thermostatventile);
- hohe Jahresnutzungsgrade durch energiesparende Niedertemperaturkessel mit gleitender Temperaturregelung und gesteuerter Nachtabsenkung bzw. -abschaltung;
- weitgehend bedienungsfrei;
- kleine Querschnitte für die Wärmeverteilung (dünne Leitungsdurchmesser);
- bewährte Installationstechnik.

Bei der ebenfalls zur Warmwasser-Zentralheizung zählenden Stockwerksheizung, auch Etagenheizung genannt, verfügt in Mehrfamilienhäusern jeder Mieter über eine eigengenutzte Heizungsanlage. Das hat den Vorteil, daß die Abrechnung mit den einzelnen Wohnungsinhabern auf der Basis des exakt ermittelten individuellen Energieverbrauchs erfolgt.

Als Energie für die Etagenheizung kommt überwiegend Gas in Frage. Während die für die Verbrennung notwendige Luft bei den früher üblichen fugendurchlässigen Fenstern in ausreichender Menge nachströmen konnte, erfordern die heute verwendeten annähernd fugendichten Fenster Maßnahmen, die eine ausreichende Luftzufuhr gewährleisten. Hierzu zählen der Raumluftverbund, Öffnungen ins Freie oder Luft-Abgas-Systeme.

Neben den Warmwasserheizungen werden im Wohnungsbau in geringerem Umfang Einzelraumheizer und Warmluftheizungen installiert. Aber auch diese Systeme haben Vorteile aufzuweisen:

- Einzelraumheizer erfordern verhältnismäßig geringe Investitionen; eine schnelle Aufheizung der Räume ist aufgrund der im allgemeinen vorhandenen Leistungsreserven möglich und die übliche Betriebsweise der zeitweisen Heizung einzelner Räume führt zum sparsamen Energieverbrauch und niedrigen Heizkosten.
- Warmluftheizungen sind geeignet, die hygienisch und bauphysikalisch erforderliche Außenluft bedarfsgerecht zuzuführen, eventuell mit Wärmerückgewinnung; je nach Komfortbedürfnis sind einfache, preiswerte Systeme bis hin zur Klimaanlage (Luftbe- und entfeuchtung, Kühlung) möglich. Luftheizungen erfordern aber Vorkehrungen gegen eventuelle Schallübertragungen. Sie werden in Mehrfamilienhäusern u. a. wegen der relativ großen Querschnitte der Luftkanäle selten angewendet.

Wärmeerzeugung

Als Wärmeerzeuger kommen hauptsächlich Heizkessel in Frage, die mittels Brennern mit Gebläse für die Zuführung der Verbrennungsluft oder bei dem Brennstoff Gas auch mit Brennern ohne Gebläse – das sind dann sogenannte Gas-Spezialheizkessel mit atmosphärischen Brennern – betrieben werden.

Die zunehmende Bereitschaft der Bevölkerung zum Energiesparen, das gestiegene Umweltbewußtsein, erhöhte technische und behördliche Anforderungen haben im letzten Jahrzehnt zu neuen Entwicklungen bei den Wärmeerzeugern geführt. Dazu gehören die Niedertemperaturkessel (NT-Kessel), bei denen die Wassertemperatur in Abhängigkeit von der Außentemperatur gleitend gesteuert wird: Bei niedriger Außentemperatur wird der Kessel mit einer hohen Wassertemperatur, bei höherer Außentemperatur mit einer niedrigeren Wassertemperatur betrieben. Dieses regelungstechnische Prinzip sowie verbesserte Wärmeisolierungen der Kessel und geringere Abgasverlu-

1

Vorhallen Hauptbahnhof Köln

Busmann + Haberer, Dipl.-Ing. Peter Busmann,
Dr.-Ing. Godfrid Haberer, Architekten BDA, Köln
Mitarbeiter: Dipl.-Ing. Bernhard Mörsch, Dipl.-Ing. Hans-Jürgen Faust, Susanne Reichstein
Ingenieurbüro für Bauwesen Professor Polonyi & Fink GmbH
Köln-Berlin
Mitarbeiter: Dr.-Ing. Heinrich Stein,
Dr.-Ing. Ralf Wörzberger
Statische Berechnung, Ausführungsplanung und Bauausführung: Ed. Züblin AG, Stuttgart
Bauherr: Deutsche Bundesbahn, Bezirksdirektion Köln, Abteilung B 4, Dipl.-Ing. Gerhards

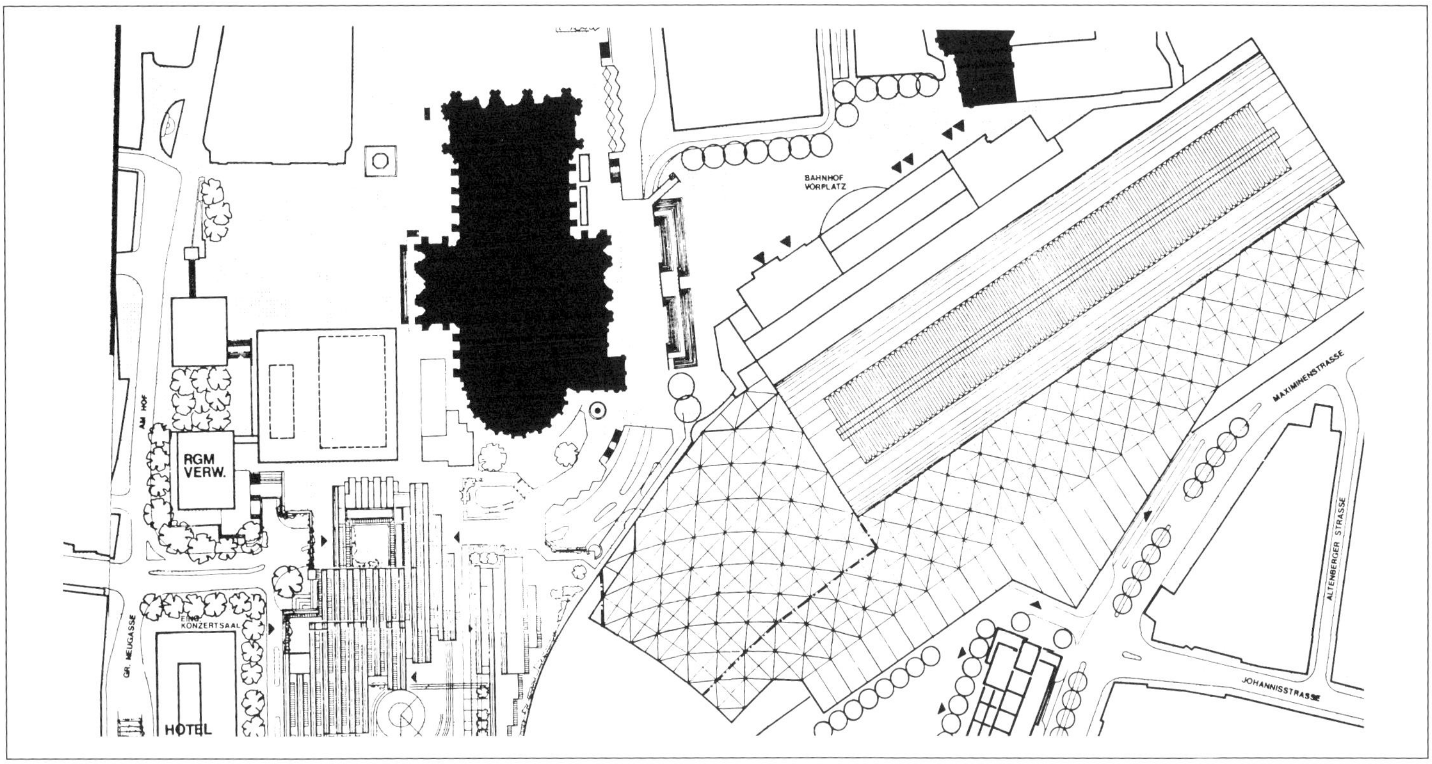

2

Die Bahnhofsvorhallen in Köln überdachen einen städtebaulich hochbedeutsamen Raum zwischen dem Dom, dem neuen Museum, zwischen der renovierten alten Bahnhofshalle und dem Rhein.

Mit einer überraschend leichten Konstruktion sind die Gleise und Bahnsteige zu einem neuen geschützten Bereich zusammengefaßt worden. Die Durchsichtigkeit des Dachs läßt an jeder Stelle die große Umgebung sichtbar werden. Die Art der Konstruktion ist so durchdacht, daß sie gleichwertige Beziehungen in Quer- und Längsrichtungen anbietet. Dieser Gedanke ist ein innovativer städtebaulicher Beitrag zur Erlebbarkeit des Standorts.

Voraussetzung für diese Lösung ist ein »räumliches« Tragwerk, das gleichzeitig formale Gestaltungsprinzipien des Querschnitts der alten Bahnhofshalle aufnimmt. Diese Anlehnung ist vielleicht im Detail zu weit gegangen und führt zu einer Redundanz, die im heutigen Kontext befremdend wirkt. Über diese Einzelkritik hinaus ist die generelle Bedeutsamkeit dieser neuen Halle über die spezifische Situation hinaus zu würdigen. Ihr besonderes Merkmal ist eine Maßstäblichkeit, die unter anderem aus der Feingliederung der Dachflächen wie durch die relativ niedrige Höhe der Halle erreicht wird. Damit wird ein innerstädtischer Raum für den Aufenthalt angenehm gestaltet und für die Benutzer die Großartigkeit der städtischen Umgebung neu und intensiv erlebbar gemacht.

Beispielhaft sollte diese Lösung bei der notwendigen Entwicklung und Förderung des öffentlichen Personennahverkehrs und bei der Förderung der Erlebbarkeit öffentlicher Räume genutzt werden, weil dieses Instrumentarium mit seiner unpathetischen Architektur die Akzeptanz öffentlicher Räume generell unterstützen kann.

Die Auszeichnung gilt diesem Projekt und der vorzüglichen Zusammenarbeit bei Architekten und Ingenieuren.

1
Ein transparentes Dach begrenzt den öffentlichen Raum

2
Lageplan

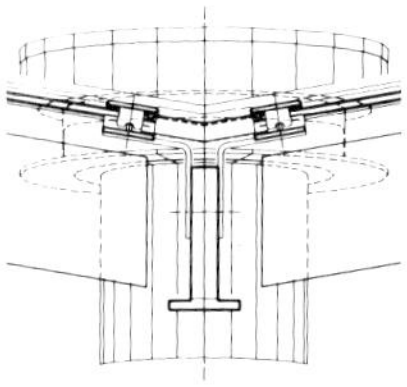

3

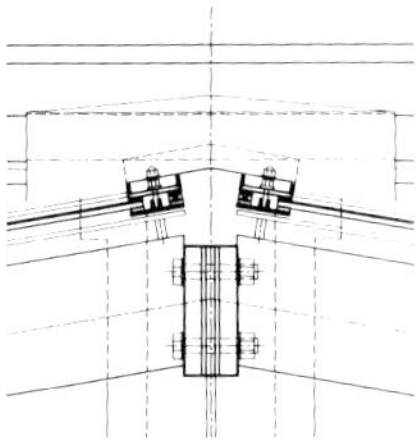

4

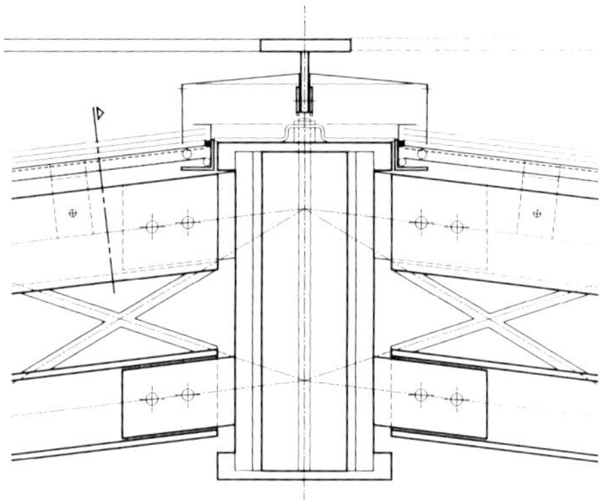

5

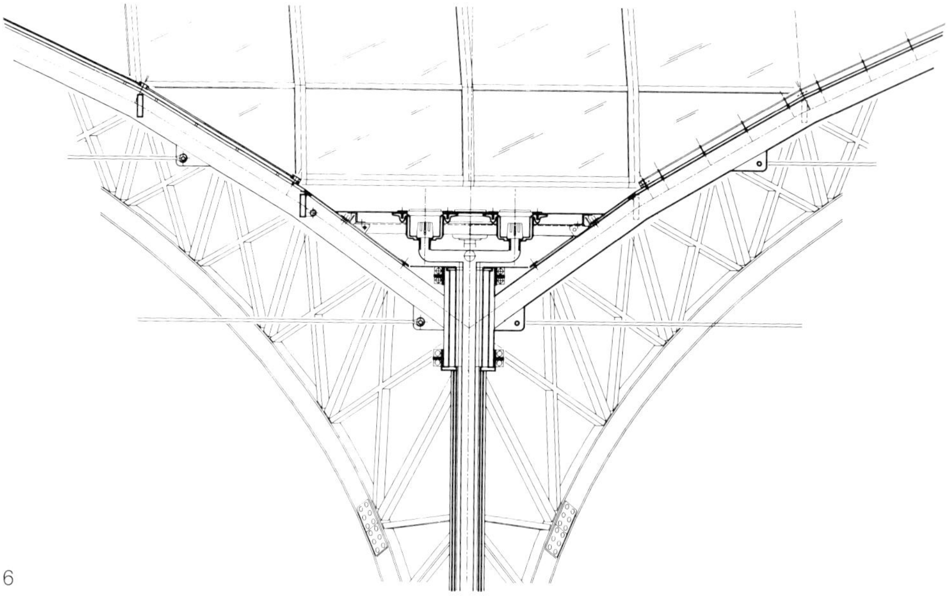

6

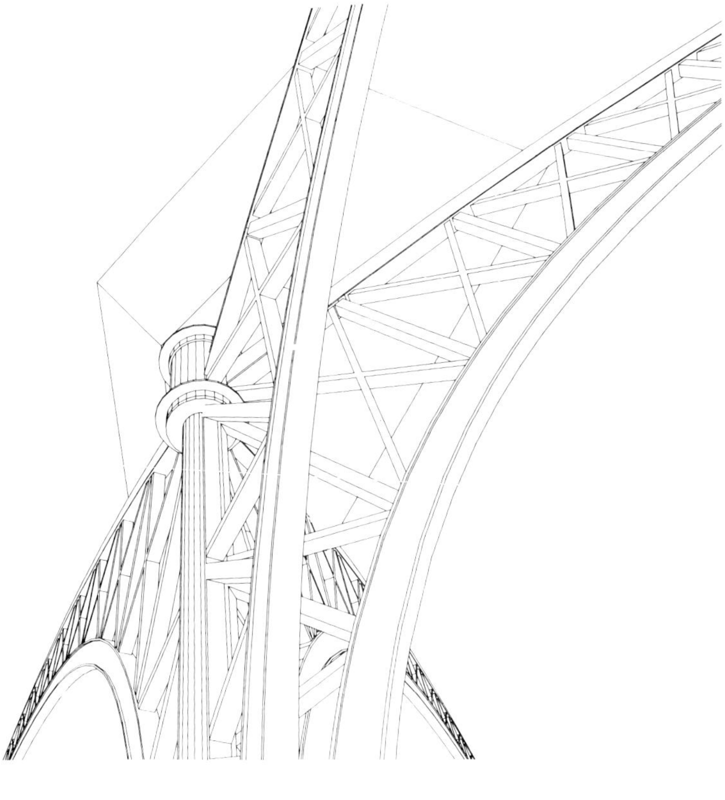

7

3
Detail Kehle

4
Detail Firstpunkt

5
Detail Firstknoten

6, 7
Detail Entwässerungstrichter

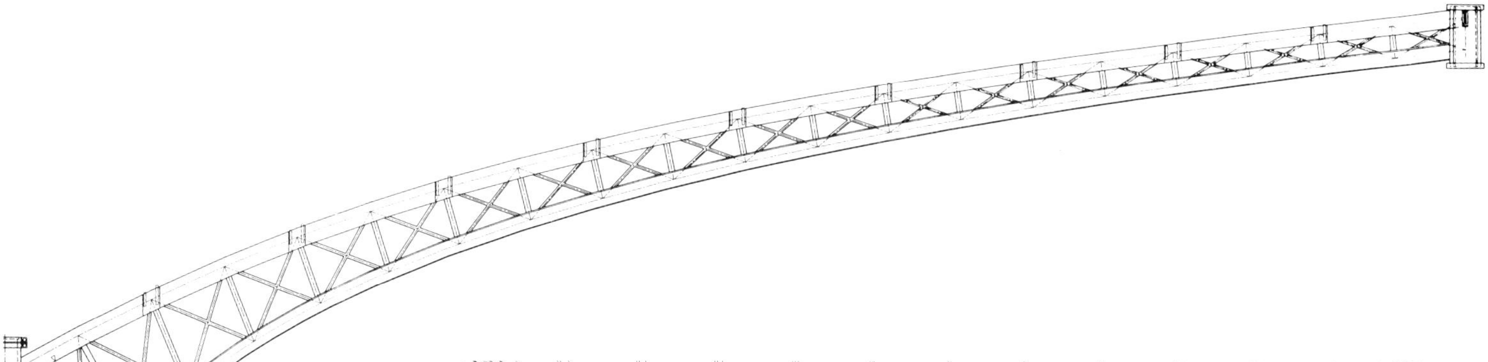

8

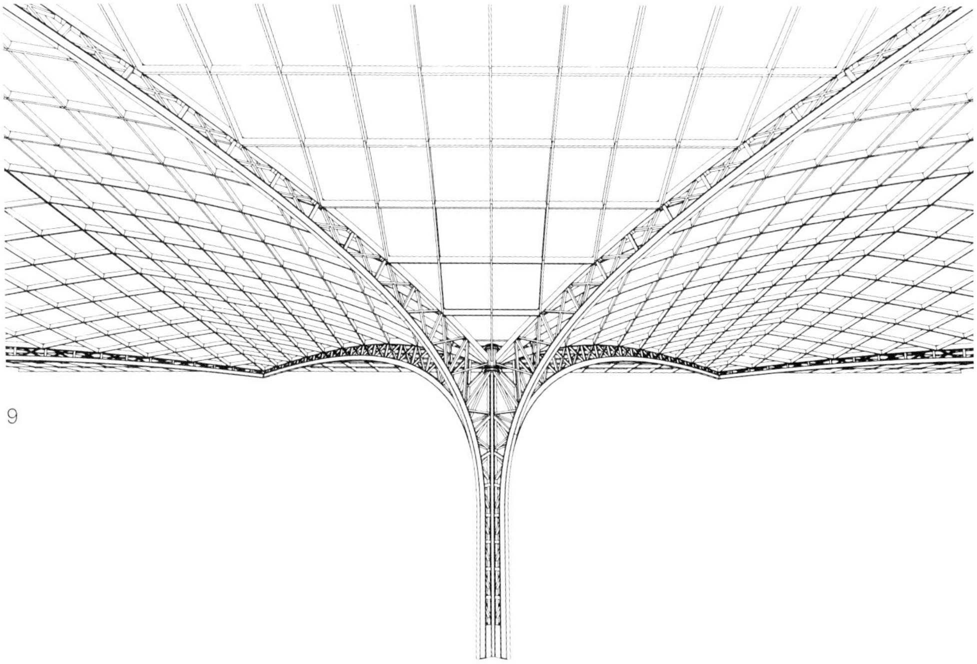

9

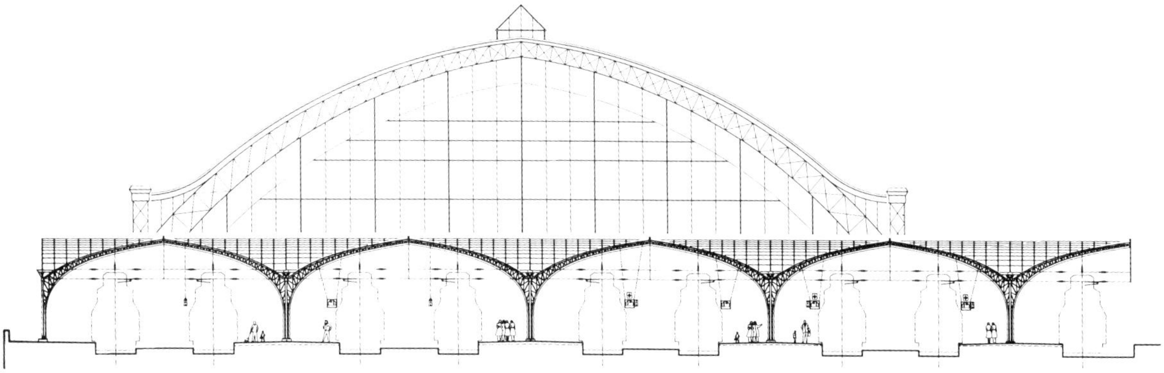

10

8
Ansicht Halbrahmen

9
Tragwerk in
perspektivischer Darstellung

10
Querschnitt

11

11
Transparenz als Mittel zur Erlebbarkeit des Ortes

12
Das Dach im Kontext

12

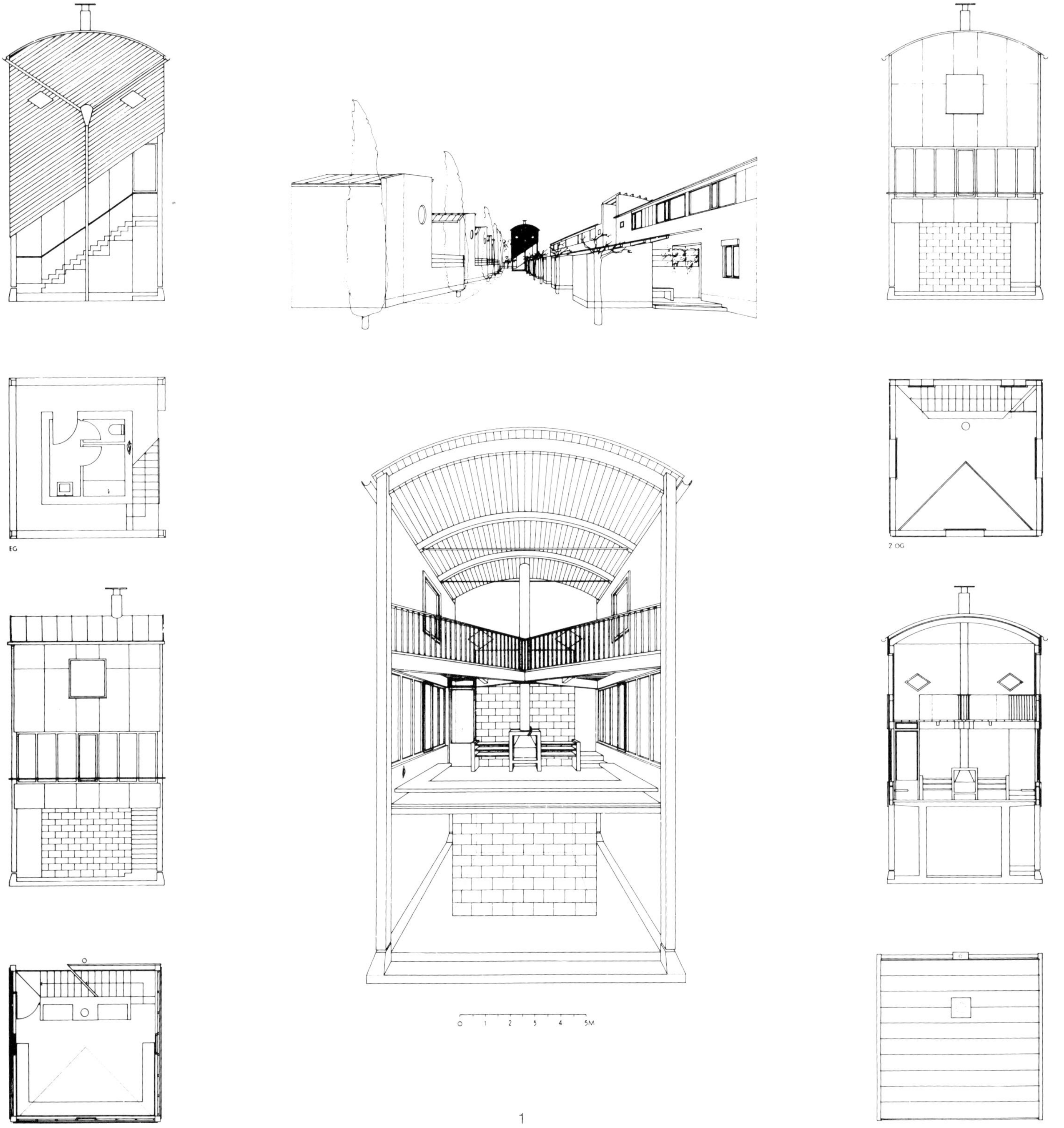

1

Bayerische Demonstrativmaßnahme Puchheim

Professor Manfred Kovatsch, München
Mitarbeiter: Architekt Dieter Keller (Ausschreibung und Bauleitung),
Architekt Andreas Meck,
Innenarchitekt M. von Kielin
Bauherr: GBW AG München

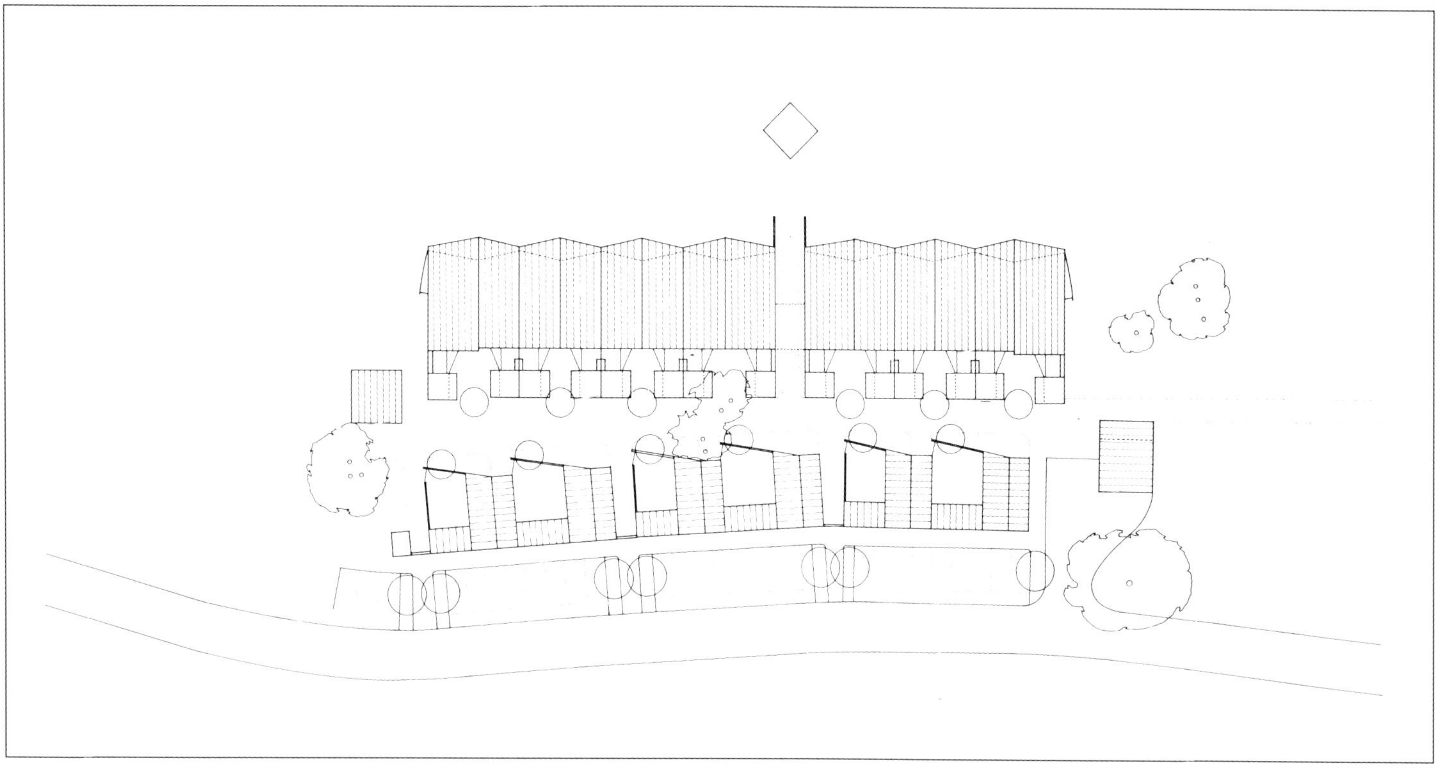

2

Das Wohnen ist die herausfordernde Architekturaufgabe auch in unserer Zeit. Dies gilt um so mehr, als die Bedingungen, unter denen das Bauen von Wohnraum heute zustande kommt – Finanzierung und Förderbestimmungen, Sofortprogramme, Normen u.a.m. –, wenig geeignet sind, dieses Bauen aus seinen eingefahrenen Gleisen gedankenloser Mittelmäßigkeit und freudloser Daseinsvorsorge herauszuführen. »Bauen heißt wohnen und wohnen heißt bleiben«. Wenn Heidegger recht hat, dann werden bei dieser Bauaufgabe vor allen Dingen räumliche Qualitäten erwartet, die wir mit Begriffen wie Geborgenheit, Heiterkeit und Schönheit umschreiben, welche uns die Formen und Gestalten der Architektur übermitteln. Hier sind Phantasie, hier ist die bildnerische Kraft des Architekten gefordert, aller Routine und allen Restriktionen zum Trotz das Wagnis neuer Bilder und Gestalten immer wieder einzugehen.

Das bayerische Demonstrativprojekt eines sozialen Wohnungsbaus in Puchheim bei München ist für diese Haltung ein ausgezeichnetes Beispiel. Sorgsam sind die gemeinschaftlichen und individuellen Außenräume aufeinander abgestimmt. Die Vorstellung eines Dorfangers, an welchem die Häuser gelegen sind, ist dabei sinnfälliger Ausdruck einer Gemeinschaft der hier Wohnenden: Der Raum vermittelt den sozialen Anspruch. Die Grundrisse sind gut entwickelt und ermöglichen eine räumliche Qualität von erstaunlicher Vielfalt und Großzügigkeit. Dazu trägt gewiß auch die lockere und leichte Art der Dachausbildung bei. Nicht minder sensibel stellen sich die überzeugenden Übergänge zwischen Außen und Innen dar. Bei der Südfassade indes scheint die Großzügigkeit ein wenig auf Kosten wünschenswerter außenräumlicher Intimität angestrebt worden zu sein. Im übrigen ist die frische und phantasievolle Sprache der Formen und Farben ein besonders Qualitätsmerkmal dieser Arbeit und vermag durchaus jene Identifikationswerte zu vermitteln, an denen die Aspekte des »Bleibens« im heideggerschen Sinne festgemacht werden können.

Eine mit Erdgas betriebene Heizungsanlage versorgt die Wohnungen mit Wärme.

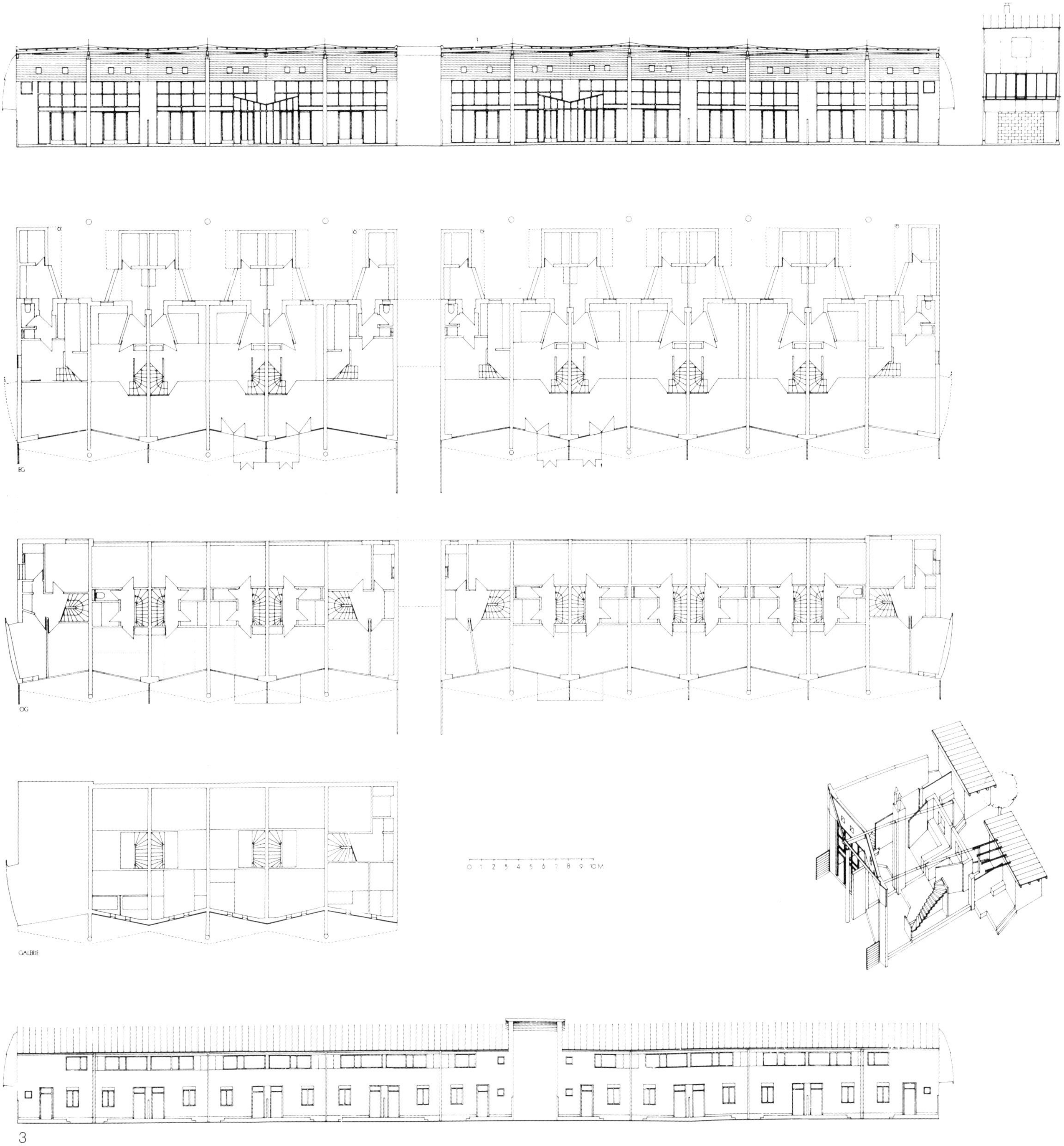

3

1
Gemeinschaftshaus (S. 50)

2
Lageplan (S. 51)

3
Reihenhäuser

4
Perspektive der Reihenhäuser zur Gartenseite

5
Gartenseite

4

5

6
Hofhäuser

7
Gesamtansicht mit Gemeinschaftshaus, links die Reihenhäuser, rechts die Hofhäuser

8
Hofhäuser mit Wohnweg

9
Eingangsseite der Hofhäuser und Parkflächen

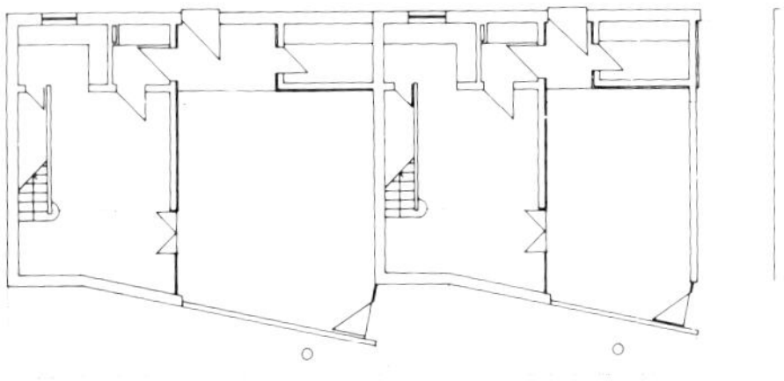
EG

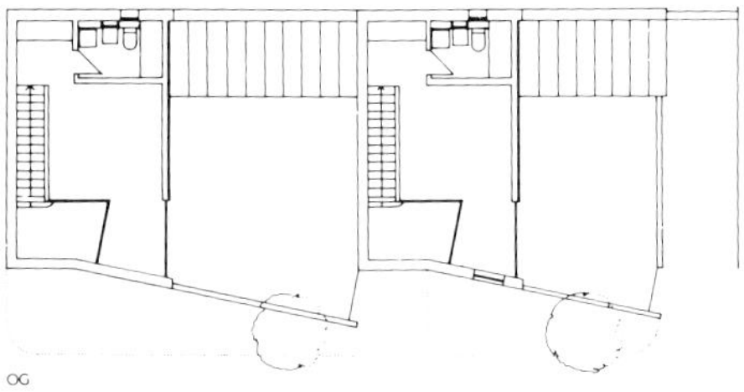
OG

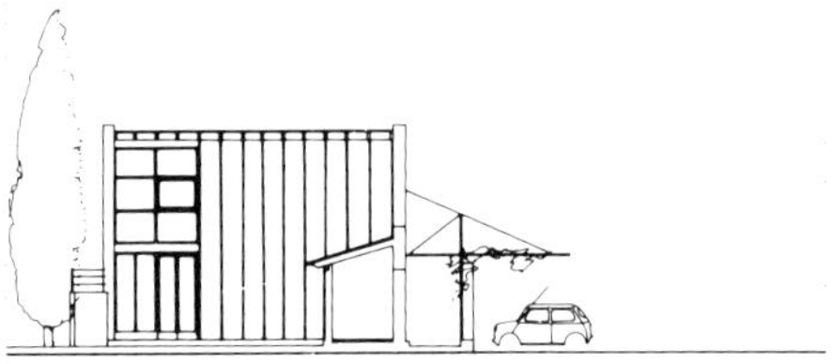

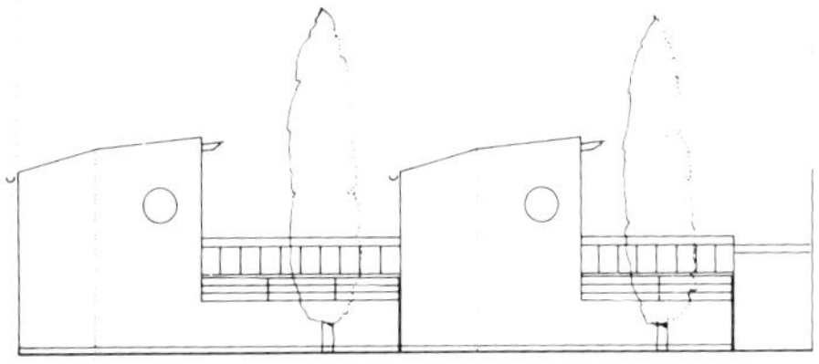

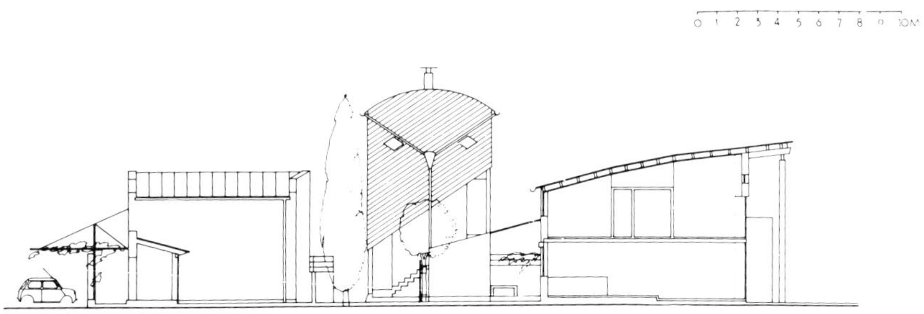

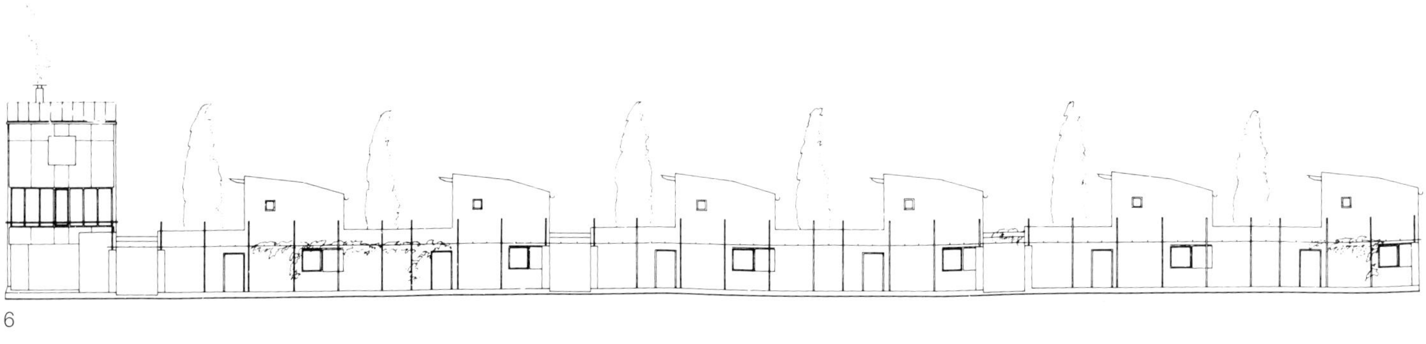

6

7

8

9

1

Orthopädisches Kinderkrankenhaus Heimdall, Bad Elster

Dipl.-Ing. Barbara Halmagyi, Dresden
Bauherr: Diakonisches Amt, Radebach

2

Dem orthopädischen Kinderkrankenhaus der Diakonischen Mission ist in der Abhängigkeit zur umliegenden Bebauung des Kurorts Bad Elster ein beengter Standort zugewiesen. Das Gebäude stuft sich mit jeweiligen Anbindungen in seinen Geschossen den Hang hinauf und öffnet die Aufenthaltsbereiche für seine Patienten über Terrassen nach Süden. Mit den gegebenen einfachen Mitteln – Naturholz, Glasflächen und Blechstreifen in heller, vom Rhythmus der Fenster, Wintergärten und Balkone geprägter Fassade – wird eine freundlich heitere Atmosphäre geschaffen, die in engen Wechselbeziehungen zum wohnlichen Inneren steht.

Bettenzimmer, Aufenthalts-, Schwestern- und Nebenfunktionsräume bilden übersichtliche Funktionseinheiten. Über diesen Patientenbereichen ist eine selbständige Wohnung erreichbar.

Eine aus der Architektur der zwanziger Jahre hergeleitete Kontinuität vermittelt dem Bauwerk besondere Architekturqualitäten. Die einfache konstruktive Übersetzung der Aufgabe mit Wandscheiben und sparsamen Stützenauflösungen steht in Übereinstimmung mit den funktionellen Zusammenhängen, ökonomischen Zwängen und Gestaltmerkmalen.

Der Raumwärmebedarf wird durch eine Warmwasser-Radiatorenheizung gedeckt. Die Wärme wird aus dem Fernwärmenetz bezogen.

1
Blick auf die Südwestseite mit Zugang

2
Lageplan

3
Südansicht 1:300

4
Grundriß Obergeschoß 1:300

5
Grundriß Erdgeschoß 1:300

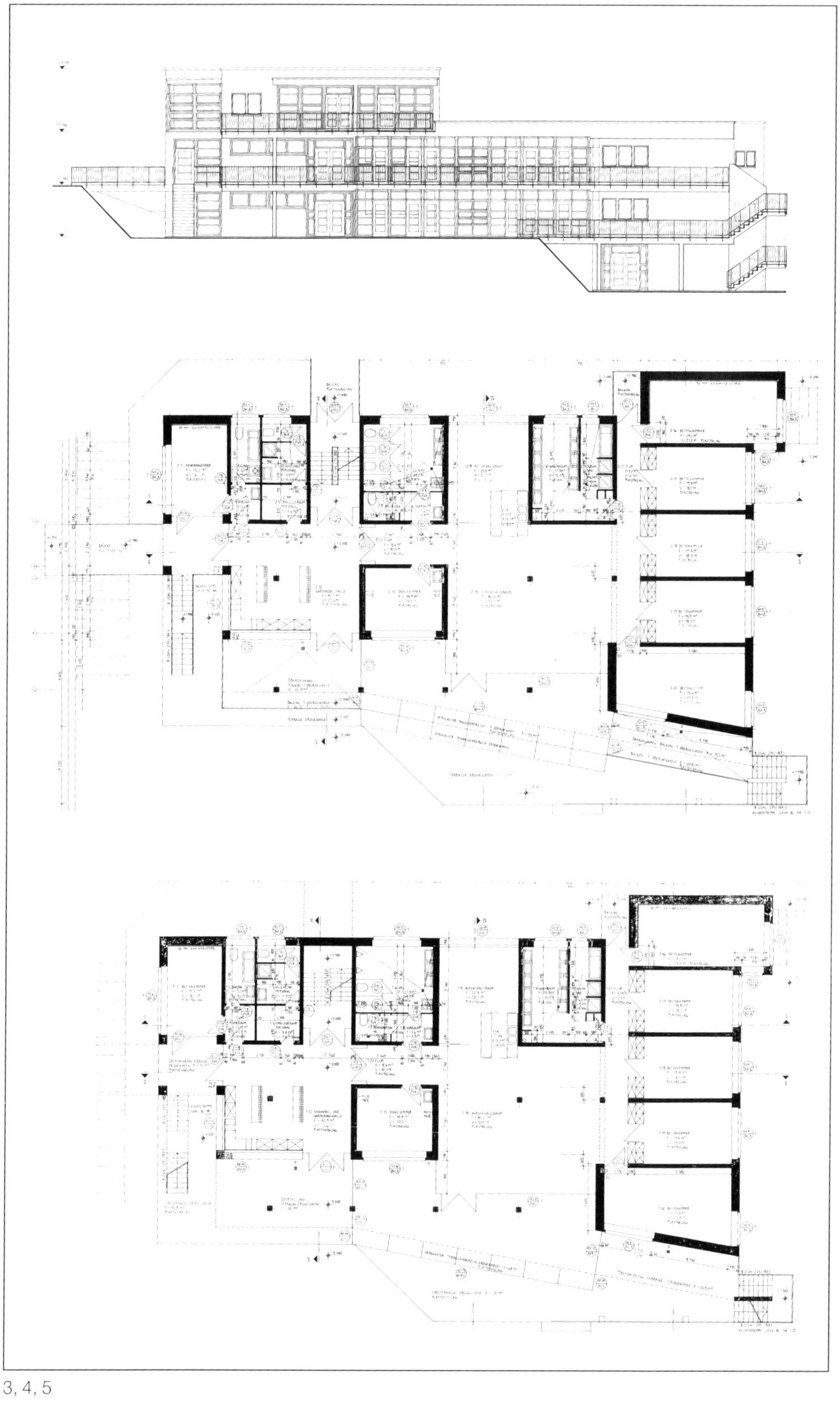

3, 4, 5

6
Westseite mit Zugang

7
Südostseite mit Zufahrt

8
Das Gebäude staffelt sich mit Terrassen und Balkonen am Hang und variiert das Thema des Terrassenkrankenhauses der zwanziger Jahre

6

7

8

Werner Durth

Getrennte Wege

Zum Bauen in Ost- und Westdeutschland

Jahrzehnte einer getrennten Geschichte der Architektur und Stadtplanung liegen hinter uns. Die Entfaltung einer gemeinsamen Baukultur in Ost- und Westdeutschland stellt umfassende Aufgaben, die einen kritischen Rückblick auch auf die letzten Jahre der alten Bundesrepublik erfordern. Angesichts der Herausforderung zu sozialem und ökologischem Ausgleich erscheinen manche Debatten um Postmoderne und Dekonstruktion, um historisierende Rekonstruktion oder Auflösung der Städte in mediale Systeme gespenstisch abgerückt von der sozialen Wirklichkeit des städtischen Alltags. Nach dem langen Lob blendender Fiktionalität einer vom Reichtum der Welt erzählenden Postmoderne stellen sich mit wachsender Dringlichkeit wieder Fragen nach der Angemessenheit des Gestaltungsaufwands bei der Erneuerung unserer Städte: Adolf Loos' Einspruch gegen die prahlerische Verschwendungssucht des *Fin de siècle* klingt am Ende dieses Jahrhunderts laut nach.

Während im aufgeschäumten Kulturklima mancher westdeutscher Städte die Attraktivität der Zentren weiter gesteigert und die Diskurse um Neue Urbanität mit den alten Schlagworten fortgesetzt werden, als habe sich seit dem Herbst 1989 lediglich das Fernsehprogramm ein wenig geändert, verlieren die ostdeutschen Städte weiter an kultureller Substanz – nicht nur im Städtebau. Trotz aller Anstrengungen um die Erhaltung der Altbauquartiere und der verwahrlosten Infrastruktur scheint der Verfall noch kaum gebremst. Hinzu kommen die Katastrophenmeldungen über den Zustand der alternden Neubausiedlungen, die als bessere Alternative zur aufgegebenen historischen Stadt aus dem Boden gestampft und in Plattenbauweise den umgebenden Landschaften aufgestülpt wurden.

Fast scheint es, als habe es neben einer rigide vorangetriebenen Industrialisierung des Bauens in der DDR keinerlei Konzepte einer auch ästhetisch anspruchsvollen Baukultur gegeben. Hinter der Fülle von Problemen, die der SED-Staat hinterließ, verschwimmen die Konturen unterschiedlicher Phasen in der Geschichte der DDR, an deren Anfang die ambitionierte Suche nach einer Verbindung von sozialistischer Staatsdoktrin und kultureller Traditionspflege stand: Im Rückgriff auf die nationalen Traditionen deutscher Baukunst sollten die Städte der DDR in historischem Zuschnitt mit neuem Glanz aus den Trümmern des Kriegs auferstehen, während sich das Bauen in der Bundesrepublik anfangs zumeist in der schlichten Sachlichkeit karger Modernität vollzog.

Stärker noch als in der Bundesrepublik war die Entwicklung der Architektur in der DDR damals geprägt durch übergreifende städtebauliche Leitvorstellungen mit gesellschaftspolitischen Intentionen: Während in der Bundesrepublik nach dem Bombenkrieg und der Zerstörung der Städte deren planvolle Auflösung in neue Stadtlandschaften mit rasch errichteten Siedlungseinheiten und offenen Grünzügen zum Ziel eines weiträumig angelegten Wiederaufbaus wurde, entstanden in den Zentren der DDR monumentale Stadträume, durch repräsentative Großbauten in klassizistischer Attitüde gefaßt. Von hier aus sollte die Architektur als Baukunst mit gesamtdeutschem Anspruch den Stolz einer neuen Gesellschaft und zugleich eine patriotische Haltung zum Ausdruck bringen, die sich der internationalen Moderne westlicher Länder dramatisch entgegenstellte.

1

2

In einem merkwürdigen Umkehrschluß scheinen die Entwicklungslinien in Ost und West nach vier Jahrzehnten am jeweils entgegengesetzten Punkt angekommen zu sein – allerdings fernab von den anfangs damit verbundenen Intentionen. Eine Verständigung über künftige gemeinsame Wege zu einer neuen, demokratischen Baukultur setzt die Kenntnis der verschlungenen Pfade voraus, die von der gemeinsamen Not in einem verwüsteten Land ihren Ausgang nahmen.

1
Stalinallee mit Blick auf den Strausberger Platz, gebaut ab 1952

2
Siemenssiedlung in Obersending, gebaut ab 1954

1.
Die verheerenden Zerstörungen und die erzwungene Untätigkeit nach dem Ende des Zweiten Weltkriegs ließ bis 1949 eine Fülle utopischer Visionen aufblühen, die anstelle der alten gänzlich neue Städte in bevorzugten Landschaften vorsahen. Mit Rufen wie »Hannover an den Deister«, »Dresden an den Heller«, »München an den Starnberger See« wurden Neugründungen vorgeschlagen, um die Mißstände der historisch überkommenen Stadtstrukturen endgültig aufzuheben. Doch nicht nur der Neubau an anderer Stelle, auch die radikal moderne Überformung der zertrümmerten Städte wurde dem Wieder-Aufbau entgegengesetzt, wie beispielsweise die frühen Pläne für Nürnberg, Mainz, Dresden und Berlin zeigen: Tatsächlich vollzog sich der Wiederaufbau deutscher Städte nach dem Krieg in einer erstaunlichen Vielfalt unterschiedlicher Planungskonzepte und ästhetischer Leitvorstellungen, in einem breiten Spektrum zwischen detailgenauer Rekonstruktion kriegszerstörter Bauten auf überkommenem Stadtgrundriß einerseits und Ansätzen zur radikalen Modernisierung der Stadtstrukturen durch neue Siedlungsformen und Verkehrssysteme andererseits. Weder regionale noch politische Zuordnungen lassen anfangs schlüssige Muster zur Erklärung der Kontraste zwischen traditionalistischen und modernistischen Wiederaufbaukonzepten erkennen. Vielmehr scheinen die Grundentscheidungen von Stadt zu Stadt, von Ort zu Ort den jeweils besonderen politischen Konstellationen und kulturellen Traditionen zu folgen.[1]) Nicht einmal die Aufbaugesetze der Länder wirkten sich anfangs in der Baugestaltung als vereinheitlichende Rahmenbedingungen aus.

Wenn man jedoch jenseits der Vielfalt ästhetischer Erscheinungsformen nach übergreifenden Leitideen des Wiederaufbaus sucht, ist in den ersten Nachkriegsjahren in den Grundforderungen an die künftigen Städte eine bemerkenswerte Übereinstimmung der Gedanken festzustellen, die schließlich im städtebaulichen Leitbild der gegliederten und aufgelockerten Stadt zusammengefaßt wurden: Erstens *Verringerung der Einwohnerdichte* in den Zentren durch Auflockerung der Bauweise und Erweiterung öffentlicher Freiräume; zweitens *Gliederung der städtischen Siedlungsmasse* in einzelne Nachbarschaften, die nach Möglichkeit durch Grünzüge voneinander getrennt werden sollen; drittens *weiträumige Verkehrserschließung* mit Straßenerweiterungen und neuen Trassen, die dem erwarteten Anstieg des Individualverkehrs Rechnung tragen sollten. Das erste Städtebaulehrbuch nach dem Krieg, das unter dem Titel »Organische Stadtbaukunst« 1948 von Hans Bernhard Reichow herausgegeben wurde und den programmatischen Untertitel »Von der Großstadt zur Stadtlandschaft« trägt, gab mit einprägsamen Schemaskizzen Grundmuster für künftige Siedlungskonzepte vor.[2])

Selbst die Konzepte des historisierenden Wiederaufbaus blieben diesen drei Grundforderungen im Sinne des Leitbilds einer gegliederten und aufgelockerten Stadt verpflichtet. In Westdeutschland verwischen sich erst Ende der fünfziger Jahre die Kontraste zwischen traditionalistischen und modernen Architekturkonzepten vor dem Hintergrund einer gemeinsam erbrachten Aufbauleistung: Hier hatte sich der *Gedanke der Stadtlandschaft* durchgesetzt.

Auch in der sowjetischen Besatzungszone folgten Architekten anfangs noch gleichen Leitvorstellungen modernen Städtebaus und sachlicher Architektur; die Wettbewerbe Ende der vierziger Jahre waren noch gesamtdeutsch konzipiert. Heinrich Tessenow plante in Rostock, Otto Haesler in Rathenow, Hubert Hoffmann in Dessau. Bei Wettbewerben in Halle wirkten Hans Scharoun und Heinrich Tessenow mit, in Magdeburg Max Taut; westdeutsche Architekten gewannen damals noch mehrfach Preise.

In demonstrativem Bruch mit der prahlerischen »Baukunst« des NS-Staats sollte Stadtplanung nun unter Verzicht auf monumentale Architekturen, starre Achsen und Aufmarschplätze in landschaftlich bewegten Erscheinungsbildern die Möglichkeit einer Versöhnung von Stadt und Natur aufscheinen lassen. Die wiederentdeckten Grundformen der Topographie boten die Basis für freie Kompositionen individuell gestalteter Baukörper im fließenden Raum des Stadt-Land-Kontinuums, in dem am jeweiligen Ort ein je eigener Erlebnisrhythmus empfunden sein sollte.

Freilich hatten solche Konzepte zur Auflösung der Steinernen Stadt als verhaßtem Symbol einer erstarrten Gesellschaftsstruktur längst ihre Traditionen – von der Gartenstadtbewegung über die Reformkonzepte der zwanziger Jahre bis hin zu den Wiederaufbauplänen, die bereits im Krieg erarbeitet worden waren. Und auch der Begriff der Stadtlandschaft hatte vor 1945 bereits eine wechselvolle Geschichte, auf die zurückzublicken sich lohnt, wenn einerseits die Besonderheiten jenes Nachkriegskonzepts, andererseits aber auch seine Bedeutung als Verbindungsglied zu früheren Phasen der Stadtentwicklung erkennbar sein sollen, gleichsam als Brücke vom Neuen Bauen über den Nazistaat bis in die Gegenwart.

Bereits nach dem Ersten Weltkrieg schien vielen Architekten das Ende der großen Städte nahe: »Laßt sie zusammenstürzen, die gebauten Gemeinheiten …« forderte Bruno Taut 1919. In pathetischen Proklamationen zur Auflösung der Städte in weitgestreute Siedlungen mit dezentral angelegten Gemeinschaftsbauten wurden Sehnsüchte nach einer befreiten Gesellschaft sichtbar, in denen »Gemeinschaften und Eigenbrötler« gleichermaßen ihren Ort finden würden – so das Motto einer pflanzenhaft erdverbundenen Siedlungsvision von Bruno Taut.[3]) Zwei Jahre nach dem Erscheinen dieses Manifests von Taut gab 1922 Ernst May, der in England die Gartenstadtkonzepte studiert hatte, seiner Utopie an konkretem Ort erstmals planerisch Ausdruck. Nach dem Wettbewerbsprojekt zur städtebaulichen Entwicklung Breslaus schlug er entgegen dem weiteren Wachstum der Kernstadt eine »Stadterweiterung mittels Trabanten« vor; ab 1925 wird er sein Konzept einer planvollen Stadterweiterung mit offenen Grünzügen zwischen den einzelnen Teilen der Stadt in Frankfurt realisieren. Die Zehn Gebote des Städtebaus, die May dort mit seinen Mitarbeitern formulierte und verfolgte, zielen auf eine präzise Forderung: »Städtebau ist Landschaftssteigerung!«[4])

In programmatischer Wiederentdeckung der Maximen modernen Städtebaus der Zwischenkriegszeit, die in modifizierter Form indessen auch von der NS-Planungstechnokratie verfolgt wurden, wird Ende der vierziger Jahre die »planvolle Gliederung und Verschmelzung von Stadt und Landschaft« zu einem breiten Konsens bei Planern und Architekten – trotz unterschiedlicher Traditionen, politischer Positionen und Berufstätigkeiten.[5]) Über viele Grenzen hinweg verbanden sich unterschiedliche Bauauffassungen im Begriff der Stadtlandschaft zu einer gemeinsamen Orientierung: War das Konzept der Stadtlandschaft in Hamburg oder Hannover eher ein Hinweis auf die schrittweise Transformation von Planungen aus den dreißiger in die fünfziger Jahre, ist es anderenorts mit dem Pathos des radikalen Bruchs bisheriger Entwurfsvorstellungen verbunden.

Die radikalste Aufhebung einer NS-Planung in diesem Sinne unternahm ab Sommer 1945 Hans Scharoun als Stadtbaurat im Auftrag des Magistrats von Gesamt-Berlin, als er mit seinem sogenannten Planungskollektiv eine Stadtlandschaft im Urstromtal der Spree entwarf: Durchdringung der wiedergewonnenen Naturlandschaft mit aufgelockerten Bauformen im Kontrast zum hierarchisch geordneten Stadtkonzept der jüngsten Vergangenheit. Entsprechend dem Bandstadtkonzept des Kollektivplans wurde noch während der Gründerjahre der DDR mit dem Bau einer »Wohnzelle Friedrichshain« begonnen.[6]) In der zentralen Lage des Bezirks Friedrichshain, eng eingebunden in die historisch gewachsenen Strukturen der inneren Stadt, bot sich die einmalige Gelegenheit, eine zusammenhängende Neuplanung im Rahmen der Gesamtstadt zu entwerfen und zügig mit ersten Bauabschnitten zu beginnen.

Mit innerstädtischem Wohnungsbau in demonstrativ moderner Form und weiten Freiräumen ringsum sollte ein erstes Zeichen gesetzt werden für die künftige Nutzung dieses ehemals hoch verdichteten Wohngebiets. Und noch heute verweisen als Relikte dieser ersten Bauphase zwei schlichte fünfgeschossige Laubenganghäuser als vereinzelte Teile geplanter »Nachbarschaftseinheiten« auf funktionelle Stadtkonzepte und Architekturauffassungen der zwanziger Jahre, die nun wiederbelebt und weiterentwickelt werden sollten. Im August 1946 eröffnet Scharoun die Ausstellung »Berlin plant« mit einer programmatischen Rede: »Was blieb, nachdem die Bombenangriffe und Endkampf eine mechanische Auflockerung vollzogen, gibt uns die Möglichkeit, eine Stadtlandschaft zu gestalten«, in ihr soll »aus Natur und Gebäuden, aus Niedrigem und Hohem, Engem und Weitem, eine neue lebendige Ordnung« entstehen. Im Gegensatz zur hierarchischen Ring- und Radialstruktur der Kaiser- und Führerstadt Berlin schildert Scharoun die urbane Landschaft als Siedlungsband im Urstromtal: »Wir brauchen Gefüge gleichgewichtiger Straßen, die das Gefüge gleichgewichtiger Wirtschafts- und Wohnstätten organisch miteinander verbinden.«[7])

2.

Noch während des Baus der ersten Häuser an der Stalinallee, die nach Plänen von Ludmilla Herzenstein dem Konzept des Kollektivplans folgten, setzte in der sowjetischen Besatzungszone 1950 eine ideologische Umorientierung ein, die nach sowjetischen Vorbildern den Wiederaufbau der Stadt am »nationalen Erbe« der Architekturgeschichte ausrichten und in Formen repräsentativer Straßenräume und Fassadenfolgen materialisieren sollte.

Im Zuge des Kalten Krieges wird die politische und kulturelle Teilung der Stadt vollzogen, die nach konfliktreichen Jahren ab 1946 dann 1949 den Kollektivplan an einer verdoppelten Ablehnungsfront endgültig scheitern ließ: Angesichts der politischen Grenzen und der Wiederherstellung überkommener Eigentumsverhältnisse im Westen gelten dort die übergreifenden Pläne des Kollektivs bald als utopische und sozialistisch inspirierte Phantasterei. Im Osten setzt trotz des beginnenden Aufbaus der »Wohnzelle Friedrichshain«, die nun demonstrativ in »Wohnstadt« umbenannt wird, eine scharfe Kritik der bisher verfolgten Konzeption ein. Unbestritten aber bleibt der Gedanke, als Zeichen einer neuen Zeit inmitten der Stadt das Wohnen in neuen Formen und mit ergänzenden Einrichtungen zum zentralen Thema zu machen, unabhängig von den Verwertungszwängen des Bodenmarkts und einer ökonomisch rationalisierten Bauwirtschaft. Nur sollten die Formen nun ganz anders aussehen als zuvor unter Scharoun geplant.

Am 22. Juli 1950 gibt Walter Ulbricht auf dem III. Parteitag der SED eine neue Linie der Baupolitik vor, die sich scharf von den aus der Zwischenkriegszeit weiter entwickelten Ansätzen der Moderne abhebt: »In der Weimarer Zeit wurden in vielen unserer Städte Gebäudekomplexe gebaut, die in ihrer architektonischen Gestaltung nicht den Wünschen der Bevölkerung entgegenkamen, die nicht der nationalen Eigenart entsprachen, sondern dem formalistischen Denken einer Anzahl Architekten, die die Primitivität gewisser Fabrikbauten auf die Wohnungsbauten übertrugen. Unter dem Hitler-Faschismus wurde dieser Kasernenstil noch weiter entwickelt.« Demagogisch verschärft Ulbricht seinen Angriff auf die Berliner Planer: »Einige Architekten, besonders in der Bauabteilung des Magistrats von Berlin, wollten die Hauptstadt Deutschlands verniedlichen durch den Bau von niedrigen Häusern und wollten Gebiete der Innenstadt nach den Richtlinien für Stadtrandsiedlungen bebauen. Der grundsätzliche Fehler dieser Architekten besteht darin, daß sie nicht an die Gliederung und Architektur Berlins anknüpfen, sondern in ihren kosmopolitischen Phantasien glauben, daß man in Berlin Häuser bauen solle, die ebenso in die südafrikanische Landschaft passen.«[8])

Indem polemisch das Neue Bauen der Weimarer Republik mit dem »Kasernenstil« der NS-Architektur verknüpft und beides mit dem angeblich »kosmopolitischen« Neubeginn im Westen nach 1945 in Verbindung gebracht wird, ist der Anspruch formuliert, daß in Abgrenzung von den jüngst vergangenen historischen Epochen dem neuen Staat nun eine Architektur entsprechen müsse, die – »sozialistisch im Inhalt, national in der Form« – die herrschende Politik entsprechend der sowjetischen Kulturdoktrin zum Ausdruck bringen könne.

Während man in Westdeutschland nach einem konfliktreichen Nebeneinander heterogener Bauauffassungen mühsam Anschluß sucht an die im Nationalsozialismus unterbrochenen Traditionen der Moderne, wird im Osten dieser »Bruch mit dem nationalen Kulturerbe« als »Zerstörung des Nationalbewußtseins« und als »Unterstützung der Kriegspolitik des amerikanischen Imperialismus« angeklagt: Die weltpolitischen Spannungen schlagen bis in die Architekturprogramme durch, obgleich der Wiederaufbau gerade erst beginnt.

Durch Betonung der Stadtmitte und die Konzentration der Kräfte auf demonstrative Großbauten als Zeichen einer neuen Gesellschaft werden die Versuche zur Auflösung der Großstadt in Richtung einer weiträumigen Stadtlandschaft mit dezentralen Kultureinrichtungen und gleichwertigen Wohnsiedlungen

3

als »Zellen« einer »organisch« wachsenden Stadtstruktur scharf zurückgewiesen. Der Kontrast zu den im Westen üblichen Bauformen betrifft auch die einzelnen Gebäude, die den neuen Plätzen und Straßenräumen die architektonische Fassung geben: »Wohnpaläste« für Arbeiter mit hohen Räumen, großzügig geschnittenen Grundrissen, hochwertiger Sanitärausstattung und anspruchsvollem Fassadendekor bilden markante Wände zur Begrenzung des öffentlichen Raums.[9]

Trotz der paradigmatischen Bedeutung der ab 1951 entstehenden Bauten an der Berliner Stalinallee und klarer politischer Vorgaben wird die baukulturell verordnete Wiederbelebung nationaler Traditionen in den verschiedenen Städten der DDR jedoch nicht nach einem einheitlichen Schema vollzogen, sondern durch regionale Befunde und ortstypische Bauformen differenziert. Die Erkermotive der Bauten am Roßplatz in Leipzig, die Giebelhäuser in Rostocks Langer Straße, die Anklänge an den Dresdner Barock, bei den dortigen Bauten am Marktplatz, der Bezug auf den alten Stadtgrundriß im Wiederaufbau Neubrandenburgs seien nur wenige beispielhaft genannte Versuche, durch Rekurs auf regionale Traditionen das »nationale Erbe« lokal zu differenzieren und zugleich in monumentalisierenden Formen der architektonischen »Haltung« sowjetischer Vorbilder anzunähern. Dennoch werden mit der Betonung der kulturellen Eigenständigkeit einer nationalen Architektur dringliche Appelle an die Planer und Architekten in der Bundesrepublik gerichtet, deren Arbeiten aufmerksam wahrgenommen, kommentiert und ebenfalls vor dem Hintergrund einer »patriotischen Pflicht« zur Wahrung des nationalen Erbes beurteilt werden: so findet der im Westen kaum beachtete Wiederaufbau Freudenstadts nach historischen Mustern im Osten höchstes Lob, demonstrativ wird dem hierzulande vielgescholtenen Paul Schmitthenner 1955 die Ehrendoktorwürde der TH Dresden erneut verliehen.

3.
Als Signal neuen Bauens wird in Westberlin 1957 das Hansaviertel der Stalinallee gegenübergestellt: Ideologisch begründete Kontrastwirkungen überdecken in den fünfziger Jahren allmählich die gemeinsamen Anfänge nach dem Krieg. Als Gegenbild zum strengen En-

4

semble der Stalinallee entstehen im Westen auf den Trümmern zerstörter Mietskasernen in lokkerer Komposition die individuell gestalteten Gebäude der Internationalen Bauausstellung.

Auf dem zur grünen Landschaft verwandelten Ruinenfeld sind in aufgelockerter Mischung Wohnhochhäuser, Reihen- und Einfamilienhäuser zu sehen, die in der Vielfalt und Internationalität der Entwürfe zugleich eine Pluralität moderner Lebensformen repräsentieren sollen, – nicht zuletzt auch als politische Antwort auf die im Ostteil der Stadt in strenger Front entstandenen Bauten, die in der Kritik vom Westen her als verkappte Verlängerung der NS-Pläne für Berlin verhöhnt werden. In der offenen Absage an nationale Traditionen zugunsten einer neu gewonnenen Internationalität der Kultur und mit dem erklärten Verzicht auf historische Reminiszenzen zugunsten einer zukunftsoffenen Modernität setzt die Interbau '57 ein deutliches Zeichen für die Westorientierung der Bundesrepublik insgesamt. In seinem Grußwort zur Bauausstellung stellt Theodor Heuss einen »Überdruß an dem historisierenden Geschmäcklertum« fest, lobt »diesen schönen Entschluß der Freiheit, auch Architekten fremder Volkszugehörigkeit aufzufordern«, und unterstreicht: »Eines dürfte damit gesichert sein: das Jammern nach der ›Tradition‹ bleibt echolos.«[10]

Im internationalen Vergleich großer Siedlungsprojekte werden neue Dimensionen künftiger Stadtentwicklungen eröffnet, die trotz wachsender Größenordnungen und technischer Ausstattung jedoch immer noch dem

3
Stalinallee mit Blick auf die Türme am Frankfurter Tor, gebaut ab 1957

4
Hallen zur Ausstellung »die stadt von morgen«, Interbau Berlin 1957

Anspruch einer Verschmelzung von Stadt und Natur im Rahmen weitläufiger Stadtlandschaften folgen. Mit wachsendem Wohlstand und steigenden Erwartungen an Konsum und Freizeit wird die Differenzierung der Wohnformen geprobt und auf Konzepte für »die Stadt von morgen« bezogen, der eine eigene Ausstellung gewidmet ist: Hier werden Beispiele künftiger Stadterweiterungen vorgestellt, die von kombinierbaren Siedlungsteilen für je 650 Einwohner bis hin zu Anlagen für 200 000 Menschen reichen.[11])

Im Nebeneinander sich steigernder Zahlenkolonnen und weiterhin behauptetem Landschaftsbezug durch die technischen Systeme hindurch offenbart sich dem Betrachter der Bauausstellung ein merkwürdiger Widerspruch zwischen nachklingender Natursehnsucht und einer Begeisterung am Technischen, die sich einprägsam auch im Arrangement der Ausstellung selbst darstellt: durch endlos addierbare Raumgitter aus Metallstäben mit eingehängten Tafeln.

In nachträglich weit übertragbarem Sinne erkennt die Fachpresse an der Konzeption der Pavillons und Informationsstände Ende 1957 bereits die bezeichnende »Charakteristik« einer neuen Zeit: »Es gibt bei ihnen nirgends unkontrollierte Intuition, nirgends ›Fingerspitzengefühl‹ nirgends ›genialischen Schwung‹, positiv gesagt: Sie sind Stufen der Entwicklung eines logischen Systems, Versuche, eine sprießende Formenwelt in die Kategorien der Vernunft zu fassen.«[12]) Auch im Bauen kündigt sich Ende der fünfziger Jahre eine neue Epoche der Rationalisierung von Produktions- und Lebensformen an, die im Osten und im Westen zu einer euphorischen Überschätzung der Möglichkeiten technischen Fortschritts führen wird.

4.

Während Hermann Henselmann, einer der maßgeblichen Architekten der Stalinallee, die Türme am Frankfurter Tor entwirft, die 1957 den räumlichen und historischen Abschluß dieses Straßenzugs als Manifest »nationaler Traditionen« bilden, ist diese Doktrin bereits außer Kraft gesetzt. Der westlichen Propaganda ist zumindest dieser Gegner inzwischen gegenstandslos geworden.

In der Moskauer Unionskonferenz der Bauschaffenden vom Dezember 1954 wurde mit Unterstützung des neuen Staatsoberhaupts Nikita Chruschtschow die Wende vom aufwendig konventionellen Bauen hin zu einem modernen industrialisierten Wohnungsbau ohne den inzwischen verhöhnten »Zuckerbäckerstil« gefordert. Nach dem Aufstand vom Juni 1953 war auch in der DDR Unmut über das Mißverhältnis zwischen der aufwendigen Bauweise an den repräsentativen Projekten in den Großstädten einerseits und der Verschlechterung der Lebensverhältnisse andererseits laut geworden; im Frühjahr 1955 wird das Moskauer Bekenntnis zur Industrialisierung des Bauwesens aufgenommen und unter dem Motto »Besser, billiger und schneller bauen« in die Realität umgesetzt. Bereits 1956 war das Ziel verkündet worden, bis 1960 insgesamt 90 Typen für alle Bauten zu entwickeln und dadurch die Baukosten um 25 % zu senken. 1957 begann mit dem Aufbau von Hoyerswerda der Versuch, eine ganze Stadt in der Plattenbauweise zu errichten. 1959 gibt Walter Ulbricht neue Ziele bekannt: 691 000 Wohnungen sollen im Sieben-Jahr-Plan von 1959 bis 1965 errichtet werden. Wie im Westen führen solche Pläne nun vor allem an der Peripherie der Städte zum Bau neuer Trabantensiedlungen. Entgegen der bisher geltenden Doktrin einer repräsentativen Neugestaltung der Zentren werden indessen die Innenstädte weit stärker vernachlässigt als in der Bundesrepublik.[13])

Mit der Abkehr vom konventionellen Bauen und einem rückwärts gewandten Kunstanspruch treffen sich die Absichten der Praktiker und Propagandisten dieser neuen Entwicklungsphase des Bauens in der DDR mit den Bemühungen um eine Rationalisierung und Industrialisierung des Bauwesens, die gleichzeitig auch in den westlichen Ländern vorangetrieben wird. Bereits 1956 wurde in Berlin die Internationale Tagung für Typenprojektierung vorbereitet, im Juni 1957 findet an der Technischen Hochschule Dresden der II. Internationale Kongreß für Montagebau mit Stahlbetonfertigteilen statt, an dem auch zwölf Fachleute aus der Bundesrepublik teilnehmen. In seinem Einleitungsvortrag über das »Gestalten von und mit Stahlbetonfertigteilen« wiederholt Walter Henn, Professor an der Technischen Hochschule Braunschweig, das auch im Westen gültige

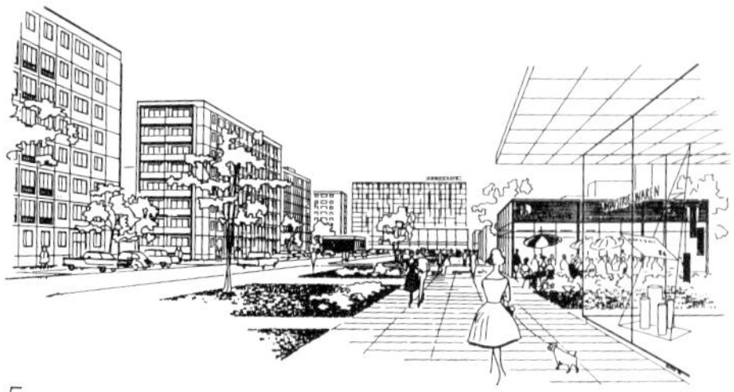

5

6

Motto: »Es soll schneller und billiger gebaut werden« – und begründet gleichsam anthropologisch den zwingenden Übergang vom aufwendigen »Spieltrieb« des Handwerks hin zu einer umfassenden Rationalisierung des Bauens: »Die Baukonstruktionen unserer Zeit haben sich losgelöst von der Tradition. Sie sind nur mehr begründet in der strengen, logischen mathematischen Beweisführung der Physik und der Wirtschaftlichkeit.« Zwar sei mit dem technischen Fortschritt ein »Verlust an Formenreichtum« zu verzeichnen, dem aber durch ästhetische Ausgleichsmaßnahmen entgegenzusteuern sei: »Wir kompensieren den Formenrückgang durch die Farbe. Es ist nur noch eine Frage der Zeit, und die Stahlbetonfertigteile werden farbig. Monotonie der serienmäßigen Form wird durch die Farbe aufgehoben werden.«[14])

Während Walter Henn an vielen Beispielen Systeme der Vorfertigung aus westlichen Ländern vorstellt und Werner Bansen, Vorstandsmitglied der Grün & Bilfinger AG in Mannheim, produktionstechnische Aspekte erläutert, sind sich die Fachleute aus Ost und West offenbar darin einig, daß eine neue, in internationalem

5
Skizze zum 2. Bauabschnitt der Stalinallee, 1959

6
Skizze zu einem Stadtteilzentrum, Katalog »die stadt von morgen«, 1959

Austausch gemeinsam zu erkundende Stufe der Zivilisation erreicht ist. Selbst Kurt Liebknecht, Präsident der Berliner Bauakademie und ehemals Wortführer bei der Durchsetzung der Doktrin nationaler Bautraditionen, unterstreicht in Dresden: »Nicht die Gestaltung des einzelnen Wohnhauses, sondern die Gesamtkomposition von Baukomplexen steht im Vordergrund. Die Architekten müssen sich also in ihrer Arbeit auf die neuen Maßstäbe des Städtebaus umstellen. Unsere Architekten brauchen nicht zu befürchten, daß die Typenprojektierung eine Monotonie hervorrufen wird, nur werden sich die gestalterischen Mittel verändern.«[15])

Auch in der Bundesrepublik werden die neuen Möglichkeiten einer Industrialisierung des Bauens euphorisch begrüßt. Zum Bau neuer Wohnsiedlungen werden riesige Feldfabriken angelegt. Am Ende der fünfziger Jahre beginnen sich die Größenordnungen in der Anlage neuer Siedlungen entscheidend zu ändern. Neue Städte für 30000 Einwohner und mehr werden geplant. Von der Neuen Vahr in Bremen über Düsseldorf-Garath und die Nordweststadt in Frankfurt am Main bis hin zu Nürnberg-Langwasser und die neuen Vorstädte Münchens werden Satelliten und Trabanten entworfen, die kulturell zwar noch auf die alten Stadtkerne bezogen, doch mit einer eigenständigen Identität ausgestattet sein sollen. Solchen Wünschen steht freilich auch im Westen die immer deutlichere Trennung der städtischen Funktionen entgegen, durch die jene Großwohnanlagen vorwiegend zu Schlafstädten für die Erwerbstätigen und monotone Umgebung für Frauen und Kinder werden, zumal die erforderliche Infrastruktur häufig erst langsam den fertiggestellten Wohnungen folgt. Anfang der sechziger Jahre zeichnet sich international ein Zerfall der Städte in monofunktionale, separierte Einheiten ab. Auch die Versuche, durch weiteren Maßstabssprung in den neuen Vorstädten andere Qualitäten zu schaffen, blieben wenig erfolgreich.

1962 als zukunftsweisendes Projekt beschlossen, wird mit dem Märkischen Viertel an der Ostgrenze Westberlins eine »ganze Stadt« geplant, wie es stolz heißt. Bis 1972 sollen hier 60000 Menschen wohnen. Optimistisch wird festgestellt, »daß hier versucht wurde, nicht die Monotonie einer ›wohlgeordneten‹ Reißbrettstadt, sondern im Gegenteil so etwas wie geplante ›Unordnung‹ zu verwirklichen«. Doch diese geplante Unordnung bleibt leeres Versprechen, solange die Menschen nicht selbst mitbestimmen und mitgestalten können, solange die Vielfalt nicht dem Leben der Bewohner, sondern lediglich der »Handschrift« unterschiedlicher Architekten entstammt.[16])

Von den Großsiedlungen dieser zweiten Generation bis hin zu den einzelnen Bauten zeigen sich in der Bundesrepublik während der sechziger Jahre verstärkte Anstrengungen, visuelle Abwechslung zu erzeugen und dem auf Hochtouren leerlaufenden Modernismus mit gebrochenen und versetzten architektonischen Formen, mit neuer Plastizität und Farbigkeit Impulse zu geben. Aus England werden Ansätze des sogenannten Brutalismus der Architektur übernommen, aus den USA skulpturale Betonformationen. Zumeist unbeholfen unterstreichen grelle Farbsignale und geometrische Kunstobjekte, visuelle Leitsysteme und sperriges Raummobiliar die angestrengten Versuche, Architektur als Bedeutungsträger wiederzuentdecken, semantisch neu aufzuladen und wirken zu lassen.

Gleiche Absichten in anderer Form lassen sich in der DDR an den Großbauten der sogenannten »Bildzeichenarchitektur« der sechziger Jahre erkennen und im Bemühen, durch großformatige Ornamente und auffällige Farbgestaltung die Monotonie der nun flächendeckend eingesetzten Plattenbauweise ästhetisch zu kompensieren.

7

8

5.

In der Erwartung einer durchgreifenden Rationalisierung und Industrialisierung des Bauens scheinen sich Mitte der sechziger Jahre die Intentionen und Ausdrucksformen eines vor allem auf Großsiedlungen und markante Dominanten orientierten Städtebaus in Ost und West deutlich anzunähern. Auch in der Bundesrepublik wird ab 1960 nachdrücklich die Standardisierung und Vorfertigung nicht nur im Wohnungsbau gefordert. Hoffnungen auf die segensreichen Folgen des technischen Fortschritts und die maßgebliche Rolle der *Produktivkraft Wissenschaft* lassen Thesen zur längerfristigen Konvergenz der Systeme plausibel erscheinen.

Daß trotz entsprechender Erwartungen und Entwicklungsarbeit die Plattenbauweise nicht auch hier im Westen einen verheerenden Siegeszug durch die Städte antreten konnte, lag indessen weniger an den Planern, als vielmehr an den Resten kommunaler Autonomie, kleinteiliger Parzellenzuschnitte und Eigentumsformen. So treten aufgrund der unterschiedlichen Gesellschaftsordnungen in Architektur und

7
Neu-Hoyerswerda/Ostdeutschland

8
Parkstadt Solln/Westdeutschland

Stadtplanung die zeitweise angenäherten Entwicklungslinien bald wieder drastisch auseinander: Während mit der Entwicklung universeller Wohnbausysteme in dem zentralistisch verregelten System der DDR die Plattenbauweise bald das gesamte Bauwesen beherrscht und das traditionelle Bauhandwerk mitsamt seinen variantenreichen Möglichkeiten der Baugestaltung erstickt, regt sich in der Bundesrepublik Widerstand gegen Monotonie und Funktionstrennung. Als »Anstiftung zum Unfrieden« bezeichnet Alexander Mitscherlich im Untertitel sein Pamphlet gegen die »Unwirtlichkeit unserer Städte«. Wenig später schärfen Aldo Rossis Schriften den Blick für die Bedeutung historischer Bauten im Stadtraum, Kevin Lynchs Studie zum »Bild der Stadt« in der Erinnerung ihrer Bewohner hilft die sozial vorgeprägten Handlungs- und Wahrnehmungsweisen, Bedürfnisse und Projektionen der Bewohner als Gegenstand der Stadtgestaltung zu entdecken.[17])

Die Wiederentdeckung von Alltag und Geschichte in der Entwicklung der Städte leitet in der Bundesrepublik einen Paradigmenwechsel der Planung ein, der 1975 im Jahr des Denkmalschutzes breit diskutiert und von gesellschaftlichen Umbrüchen weitergetragen wird: Protestbewegungen und Wirtschaftskrisen verstärken Mitte der siebziger Jahre einen Wandel der Werte, der hierzulande zu einer neuen Wertschätzung historisch überkommener Stadtstrukturen, kultureller Vielfalt und Nutzungsmischungen führte – in der Einsicht, daß Stadtplanung als Prozeß ein wichtiger Teil politischer Kultur und als Lernfeld zur Einübung der »Demokratie von unten« gemeinschaftlich zu gestalten sei.

Daß solche Einsichten im Protest gegen die universelle Verregelung der Lebensformen auch in der DDR nicht folgenlos blieben, zeigt die Vorgeschichte der friedlichen Revolution vom Herbst '89, für die der staatlich programmierte Verfall der alten Städte und unzumutbare Lebensbedingungen in den neuen Siedlungen lange schon schwelende Zündfunken waren. Die Bedürfnisse nach einer unreglementierten Selbstorganisation des Alltags in kultureller Vielfalt und einer städtischen Umwelt, deren Gestaltung in dezentralen Entscheidungsprozessen auch von den Bewohnern vor Ort verantwortlich mitbestimmt werden kann, ließen sich nicht länger ersticken im erstarrten Herrschaftssystem einer alternden Politikergeneration, der inzwischen auch das Gewaltpotential der ehemaligen Besatzungsmacht entzogen war.

Unter den neuen Bedingungen eines vereinten Deutschlands bleibt es gleichwohl eine schwierige Aufgabe, die geschenkte Freiheit als Chance zur Mitgestaltung einer künftigen Baukultur zu nutzen, die nicht allein den Regeln des Markts und der Spekulation unterworfen ist. Die Entfaltung einer demokratischen Baukultur braucht die Sehnsüchte, Wünsche und den Erfindungsreichtum der unterschiedlichsten Bevölkerungsgruppen, wenn die Hoffnung auf eine gemeinsame, bessere Zukunft nicht in Resignation umschlagen soll.

Anmerkungen

1) Vgl. Klaus von Beyme u. a. (Hrsg.): Neue Städte aus Ruinen, Deutscher Städtebau der Nachkriegszeit, München 1991

2) Vgl. Werner Durth, Niels Gutschow: Träume in Trümmern. Planungen zum Wiederaufbau zerstörter Städte im Westen Deutschlands 1940–1950, Braunschweig/Wiesbaden 1988

3) Bruno Taut: Die Auflösung der Städte oder die Erde eine gute Wohnung, Hagen 1920

4) Vgl. Christoph Mohr, Michael Müller: Funktionalität und Moderne. Das Neue Frankfurt und seine Bauten, Köln 1984.

5) Während der Bauausstellung Constructa in Hannover 1951 wurden große Schaubilder zum Schema der Stadtlandschaft mit entsprechenden Erläuterungen gezeigt

6) Vgl. Johann Friedrich Geist, Klaus Kürvers: Das Berliner Mietshaus 1945–1989, München 1989

7) Hans Scharoun zur Ausstellung »Berlin plant«, Neue Bauwelt, Heft 10/1946, S. 3

8) Walter Ulbricht: Die Großbauten im Fünfjahrplan, Rede auf dem III. Parteitag der SED am 22. Juni 1950, in: Neues Deutschland, 23. Juli 1950

9) Vgl. Simone Hain: »Im Westen wird man sich wundern«, in: Klaus von Beyme u. a. (Anmerkung 1)

10) Theodor Heuß: Grußwort zur Interbau 1957, in: Ausstellungskatalog, Berlin 1957

11) Karl Otto (Hrsg.): die stadt von morgen. gegenwartsprobleme für alle, Berlin 1959

12) Hartmut R. Rebitzki: Der Laie und der Städtebau, in: Baukunst und Werkform 11/1957 S. 633

13) Vgl. Thomas Topfstedt, Städtebau der DDR 1955–1971, Leipzig 1988

14) Walter Henn: Das Gestalten von und mit Stahlbetonfertigteilen, in: Die Montagebauweise mit Stahlbetonfertigteilen im Industrie- und Wohnungsbau, II. Internationaler Kongress 1957, hrsg. vom Rektor der Technischen Hochschule, Dresden 1959, S. 23 ff.

15) Kurt Liebknecht: Diskussionsbeitrag, in: II. Internationaler Kongreß (14), S. 71

16) Prospekt zum Märkischen Viertel, Berlin, o. J., um 1970

17) Vgl. Alexander Mitscherlich: Die Unwirtlichkeit unserer Städte, Frankfurt/Main 1965; Aldo Rossi: L'Architettura della Città, Padova 1966; Kevin Lynch: Das Bild der Stadt, Frankfurt/Main – Berlin 1965

Manfred Sack

Hohe Kunst des Einfachen

Über Rudolf Schwarz und seine Botschaft für die neunziger Jahre

Fünf Minuten vom Kölner Hauptbahnhof entfernt, etwa dort, wo einmal das Minoritenkloster und später das im Zweiten Weltkrieg zerstörte neugotische Kunstmuseum gestanden hatten, findet man das Museum für Angewandte Kunst. Der Bau ist 1957 nach dem Entwurf des Architekten, Stadtplaners, Hochschullehrers Rudolf Schwarz (1897–1961) errichtet worden, damals für das Wallraf-Richartz-Museum, das nun aber längst eine ungleich größere Bleibe gefunden hat: unten am Rhein, zu Füßen des Doms.

Und wie bei Gebrauchsgegenständen, an die man sich gewöhnt hat und infolgedessen nicht immer wieder mit Überraschung zur Kenntnis nimmt, war auch dieser Museumsbau beinahe vergessen, es war eine selbstverständliche Sache geworden, über die man nicht mehr weiter redet. Manche sehen es, wenn sie es sehen, gar nicht mehr wirklich, weil sie glauben, es zu kennen; andere übersehen es, wieder andere freuen sich jedesmal, wenn sie ihm begegnen.

Wahrscheinlich hätten sich seiner viel mehr Leute nicht mehr erinnert, wenn nicht sein Umbau Anfang 1990 Aufsehen erregt hätte. Der Kölner Architekt Walter von Lom, gleichsam zur Enkelgeneration nach Schwarz gehörend, hatte den Auftrag, das Kunstmuseum in ein Kunstgewerbemuseum umzubauen. Um es mit ein paar Sätzen zu würdigen: Er hat seine Arbeit kongenial verrichtet, hat dem Bau des großen Vorgängers keinen Tort angetan, hat seine eigene Persönlichkeit dennoch keineswegs verleugnet. Man erkennt von Loms Hand; doch indem man davon Notiz nimmt, meint man, er habe das Werk von Schwarz erhöht, sagen wir, in die Gegenwart fortgesetzt. Aber geblieben ist der alte Geist, und das ist der, der zum letztenmal in den fünfziger und den ersten sechziger Jahren geweht hat – und von dem es nun scheint, als spürten wir ihn neuerlich.

Walter von Lom, konfrontiert mit allerlei Verlegenheiten der Gegenwartsarchitektur, auch natürlich umschäumt von den Wellen, welche die Postmoderne mit ihrer historistischen Putzlust auch bei uns zulande geschlagen hat, hat die Arbeit an dem Museum wie ein Reinigungsbad empfunden. Und es hat ihn zu wundervollen Einfällen inspiriert, zum Beispiel zu einer zusammen mit dem Büro des weiland Kölner Lichtplaners Hans T. von Malotki entworfenen Licht- und Kabelarchitektur, die mit ihrem Linienwerk Gesimse und Pfeiler an die glatten Wände zeichnet oder imaginäre Räume im Raum bildet – und so, daß all dies mit dem Grundriß korrespondiert, genauer, mit dem Fußboden, mit den flachen Metallpodien, die sich von der Verkehrsfläche abheben, also vom dunkel pointierten Parkettfußboden und seinen aus der Quadratur der Decken abgeleiteten Mustern. »Demut«, hat Schwarz 1929 geschrieben, »liebt die enthaltsamen, die geraden und harten Dinge des täglichen Lebens, denn gerade die einfachen und unverzierten Dinge sind ja die tiefsten und letzten.«

Das ist eine Art von Schlüsselsatz zum Werk des berühmten Unbekannten Rudolf Schwarz. Wahrheiten dieser Schärfe lassen sich bei ihm, der ein ebenso leidenschaftlicher Denker, ein erstaunlich klarer Schreiber war wie ein prinzipientreuer Architekt, häufig finden. Aber alle führen sie immer wieder auf diese eine Erkenntnis: auf die Schönheit, die in der Einfachheit verborgen ist. Natürlich ist damit weder Ärmlichkeit noch Banalität gemeint. Es ist auch ziemlich gleichgültig, ob Schwarz diese Gedanken in den zwanziger Jahren gedacht hatte oder später: Er hat nach dieser Devise immer gebaut und geplant, auch die Stadt selber, deren Wiederaufbau er nach dem Zweiten Weltkrieg geleitet hat.

Und merkwürdigerweise waren sich die zwanziger mit den frühen dreißiger und die fünf-

1

2

1, 2
Rudolf Schwarz mit Josef Bernard. Museum für Angewandte Kunst, Köln. 1953–1957 (Aufnahmen aus den fünfziger Jahren)

ziger Jahre unseres Jahrhunderts gleich: Es waren Nachkriegsjahrzehnte, es waren hundeelende Zeiten, niemand konnte aus dem Vollen schöpfen, Mangel beherrschte den Alltag und die Kunst, die Baukunst erst recht, sofern man davon sprechen mag.

Dennoch gab es einen Unterschied. Nach dem Ersten Weltkrieg hatte niemand das Gefühl, es habe eine »Stunde Null« gegeben, obwohl Mitteleuropa seine ganze monarchistische Vergangenheit hinter sich geworfen hatte, die Großreiche zerfallen waren, die Demokratie Fuß zu fassen begann, nicht zuletzt in Deutschland – in den Künsten aber hatte man schon vorher damit begonnen, den Historismus abzuschütteln und etwas ganz anderes, ganz Eigenes zu probieren, etwas Neues, Klares. Nach dem Zweiten Weltkrieg und seinen entsetzlichen Greueln hingegen sprachen viele von der »Stunde Null« – nicht weil es sie tatsächlich gab, sondern weil viele glaubten, daß es sie eigentlich geben müsse, nach all den grausamen Eroberungsfeldzügen, den schrecklichen Verwüstungen in ganz Europa, den propagandistischen Tiraden, die ein ganzes Volk verdorben hatten, den millionenfachen Morden. Sah es nicht jeder hautnah? Die Städte – Trümmerstätten; man könnte sie sich, gäbe es nicht die Bilder, kaum vorstellen. Ringsum – trostlose Aussichten.

Was also könnte es da anderes gegeben haben als den Entschluß, radikal mit dieser Epoche des Wahnsinns zu brechen und nun, tief Luft holend, eine vollständig neue Welt zu bauen, alles von vorne zu beginnen? Und wie 1918, doch nun erst recht, den »neuen Menschen« zu erstreben und für ihn ein »neues Bauen« zu versuchen?

Die Wirklichkeit aber war ganz anders. Es gab, erstens, diesen vollständigen Neubeginn nicht, einen, der alles, was vorher war, hinter sich gelassen hätte; der den Faden zu den zwanziger Jahren da wieder knüpfte, wo er zerrissen worden war. Es ging stattdessen, wie seltsam und wie peinlich auch, einfach weiter. Bei späterer Betrachtung stellte es sich sogar heraus, daß es einen radikalen Bruch in der stilistischen Entwicklung nur in wenigen Fällen gegeben, daß Kontinuität immer bestanden hatte, daß die Wiederaufbau-Architekten ihre Arbeit nur fortsetzten, unter welch widrigen Umständen auch.

Zweitens aber zwang die unvorstellbare Not zu äußerster Einfachheit. Sie war kein ästhetisches, sondern ein realistisches Prinzip, aus dem ästhetischer Nutzen gezogen wurde, vor allem in der Architektur. Es hat die Bauwerke des ersten Nachkriegsjahrzehnts geprägt. Es hat erstaunliche Bauten hervorgebracht.

3

3

Museum für Angewandte Kunst. Umbau durch Walter von Lom. 1990
Zentrale Halle mit Treppenhaus

Aber hatte man denn in den vergangenen zwei, drei Jahrzehnten je etwas anderes als Spott darüber gehört? Hatte man nicht über die stilistischen Exzesse, über die Tütenlampen und die Rosenthal-Vase, die »Schwangere Luise« genannt wurde und auch so aussah, die Nase gerümpft? Über das Goggomobil und den Nierentisch und die Cocktailsessel und die Couchgruppe? Zu schweigen von all den zugleich für ärmlich und für leicht kitschig gehaltenen Gebäuden, die Fassaden mit den dünnen Betonrastern, die zurückgesetzten Dachgeschosse und die gebogenen Flugdächer, die dünnen Pfeiler und die Messingbrüstungen an den mandelförmig gewendelten Treppen? Was also ist der Beweggrund, gerade jetzt alles das für interessant zu halten, worüber die meisten von uns sich jahrelang lustig gemacht haben? Haben wir nur verlernt, genau hinzugucken?

Es ist wohl eine Art von zweitem Blick. Beim ersten sieht man nur flüchtig hin und ergibt sich seinen Emotionen; beim zweiten Blick beginnt man genauer zu schauen und plötzlich etwas zu entdecken. Merkwürdigerweise aber waren es die Denkmalpfleger, die diese stilistisch eigenartig geschlossen wirkende Zeitspanne zum Thema machten. Ihr Motiv war klar. Da mit den allgemein scheel angesehenen Bauwerken nun, da sie brüchig zu werden begannen und renoviert werden mußten, rüde umgesprungen wurde und viele Bauherren versucht waren, sich die Erhaltungsanstrengungen durch Abriß und (das Grundstück profitabler ausnutzenden) Neubau zu ersparen hofften, drohten viele zu verschwinden – und nicht die schlechtesten.

Das Deutsche Nationalkomitee für Denkmalschutz brachte nun eine (kostenlos zu beziehende) Broschüre über »Architektur und Städtebau der fünfziger Jahre« heraus und machte die Epoche Mitte 1990 auf der Constructa-Messe zum Thema wissenschaftlicher Erörterungen und Diskussionen. Aus dieser Tagung ging umgehend die zweite Broschüre hervor. Wenig später brachte die Freie Akademie der Künste in Hamburg – um ihren vierzigjährigen Ursprung in dieser Zeit zu feiern – eine Architekturausstellung über die fünfziger Jahre zusammen. Die Beispiele, die darin vor Augen geführt wurden, waren für viele, besonders für junge Leute staunenerregend: lauter ungekannte, übersehene, bemerkenswert gut geratene Bauwerke.

Wie erklärt sich aber diese Überraschung? Was führte plötzlich dazu, das alte hämische Urteil über die Fünfziger zu revidieren? Woher der neue Reiz, den diese Architektur auf einmal ausübt?

Den Grund findet man – anders als bei den Denkmalpflegern, die die Nachkriegsepoche längst begriffen hatten, weil sie ihnen wegzubröckeln drohte – in der Zeit, die darauf folgte, ihrer Entwurfs- und ihrer Baupraxis. Es waren ziemlich ruppige erfolgsversessene Jahre. Einmal abgesehen von den Spitzenleistungen der Architektur, die es immer gibt, die es auch in diesem Zeitabschnitt in die Baugeschichte der Gegenwart geschafft haben: Es waren wohl die vielen unbegabten Vollstrecker der klassischen Moderne und ihre korrumpierten Auftraggeber, es war der blanke Utilitarismus und das, was jemand tautologisch, aber bildkräftig den »Zweckrationalismus« und die »Bauwirtschafts-Architektur« geschimpft hat, es war die aus der Nachkriegsnot abgeleitete Wohnungs-Mengenhysterie, die unsere Alltags-Baukultur verdorben und uns das Elend der Vor-, Rand- und der flüchtig konzipierten Trabantensiedlungen eingebracht hat mitsamt der viel bedauerten Grünen Witwe. Es war, kurzum, eine vollständig verhunzte Moderne, deren große menschenfreundliche Ideen bei all den Wirtschaftlichkeitserwägungen verraten wurden. Architektur hatte auf einmal sehr böse Synonyme: Betonklötze, Rasteritis, Monotonie, Mieter-Käfighaltung und – infolge einer radikalen Politik zugunsten der Eigentumsbildung auch – Zersiedlung.

Mitte der siebziger Jahre trat dann in einer europäischen Aktion der Denkmalschutz wie die Feuerwehr auf den Plan und breitete unter allgemeinem Applaus die Vergangenheitssehnsucht wie einen Schaumteppich über der ungeliebten gebauten Umgebung aus. Es war ein trefflich gewählter Moment. Überdruß und Widerwille an der vermeintlichen Moderne und das unerwartete Interesse an den Schätzen der Baugeschichte förderten schließlich das zutage, was allgemein unter dem Begriff der Postmoderne verstanden wird. Es war die Revolte gegen alles, was kahl und »nackt« war, gegen die simplifizierte Einfachheit. Und die einzige Waffe schien nun das historische Dekor zu sein. Also wurden die Fassaden mit lauter Versatzstücken der Baugeschichte behängt: reine Oberflächenkorrekturen.

Doch schneller, als von manchen erwartet, fühlten sich die Architekten von diesem Übermaß an Süßspeisen übersättigt und empfanden allmählich wieder das Verlangen nach gesünderer, nach einfacher Kost. Und so geschah es, daß wir nach der (offenbar notwendig gewesenen) postmodernen Lockerungsübung wieder einen Hang für die Tugenden der klassischen Moderne glauben erkennen zu können. Die hilflose Ausschweifung hatte einen Krampf gelöst, man kann es an vielen Bauten erkennen, und auch daran, daß sich die Durchschnittsqualität in den letzten Jahren merklich verbessert hat. Schon lange wurde nicht mehr so gezügelt, so überlegt, aber auch so einfach gebaut wie jetzt. Geht man den Spuren nach, führen sie einen teils ein halbes, teils aber auch bloß ein Vierteljahrhundert zurück.

Wahrscheinlich ist es das, was uns die fünfziger Jahre wieder interessant macht. Nun merken wir aber auch, daß es nicht ganz einfach ist, diese Zeitspanne und ihre Hervorbringungen zu ergründen. Sicher ist jedenfalls, daß sie keine Aufbruchsarchitektur war, so wie es die Moderne mit ihren vorangegangenen Phantasie-Kaskaden gewesen war, ihren expressionistischen Konvulsionen, dazu hatte man nach dem Zweiten Weltkrieg gar keine Zeit gehabt. Und eben deswegen wurden im Nachkriegsstädtebau keine revolutionären Planungsideen verwirklicht. Es wurde nur in die Tat umgesetzt, was schon im Krieg vorbereitet worden war, fortgeführt, was unter den Nationalsozialisten praktiziert worden und aufgenommen, was im Ausland kontinuierlich vonstatten gegangen war. Und so knüpften die Architekten beim Wiederaufbau nicht an die zwanziger Jahre an, wie man es gern erwartet hätte, sondern an den Fortsetzungen, die sie vor allem in den USA und in Skandinavien erfahren hatten. Nordamerika, Dänemark, Schweden, Finnland waren auch die ersten Reiseziele unserer Architekten. Dort war aus der kühlen, zur Abstraktion neigenden Moderne unterdessen eine Art von Gebrauchsmoderne von bisweilen hohem Standard geworden. Nicht der Bauhaus-Gropius, nicht Mendelsohn oder Bruno Taut waren die Vorbilder, auch nicht die Mustersiedlungsbauer Ernst May und Martin Wagner, sondern Mies van der Rohe und SOM, deren Architektur man irrtümlich meinte ganz leicht nachmachen zu können, und Aalto, Kay Fisker, Arne Jacobsen und ihre begabten Gesinnungsgenossen in der Schweiz.

Aber es gab auch noch Otto Bartning – und da war auch Rudolf Schwarz, den jemand den »tiefgründigsten Kirchenarchitekten unserer Zeit« genannt hat, weil er wie sonst kaum einer das, was er tat, zu durchdenken sich bemühte. Es war ihm um eine »sprechende Architektur« gegangen, um die architektonische Verkörperung der religiösen Idee. Und da die Reformbewegung der katholischen Kirche damals nach Rom schaute, auf das alte Christentum, verlangte sie nach einer liturgisch begründeten, einprägsamen einfachen Architektur. Er versuchte, seiner Idee mit kirchensymbolischen Formen wie Kelch, Ring und Weg nahezukommen, stützte sich bei Grundrissen und Baukörpern auf geometrische Figuren, auf Halbkreis, Parabel und Ellipse, auf Rechteck und Quadrat und ihre Teile. Er baute mit Feldsteinen, Backsteinen und mit Beton. Alles Schmückende gewann er dem schönen Material und seiner Verarbeitung, aber auch dem ab, was man braucht, Türen zum Beispiel und Fenstern, ihrer Gestalt und Anordnung, auch der sichtbar gemachten Konstruktion, beispielsweise dem Spiel der Unterzüge einer Betondecke. Er blieb bei einer äußerst klaren Architektur – und gewährte lieber einem Glaskünstler Raum für seine symbolischen Darstellungen. Alle diese Räume, ob St. Fronleichnam in Aachen, die kargste seiner Kirchen, oder St. Anna in Düren, die expressivste, ob St. Theresia in Linz, die anmutigste, lassen einem anfangs den Atem stokken: dank der Urgewalt einer elementaren, klaren, asketischen, aber auch wärmenden Räumlichkeit.

Nach dem Krieg hat Rudolf Schwarz, was nicht wenige immer wieder in Erstaunen versetzt, die Stadtplanung Kölns geleitet. Aber er hat neben den Kirchen auch drei Profanbauten errichtet, deren jeder auf seine Weise Eindruck macht. Da ist die Paulskirche in Frankfurt am Main, die er der Denkmalpflege zum Trotz nicht rekonstruierte, sondern so wieder aufbaute, wie es der Zeit gemäß und dem Zweck angemessen war: Sie sollte das Parlament der Bundesrepublik, die noch auf Hauptstadtsuche war, aufnehmen. Denn, so schrieb er, »die große Ruine war weitaus herrlicher als das frühere Bauwerk, ein riesiges Rund aus nackten, ausgeglühten Steinen von einer beinahe römischen Gewaltsamkeit. So schön war das Bau-

4

4
St. Fronleichnam Aachen. 1929
Rudolf Schwarz

werk noch niemals gewesen, und wir erreichten, daß es so blieb« – nur mußte es, der Haltbarkeit wegen, verputzt werden. Ach, und welche Hoffnungen gründete er auf die Wirksamkeit der Architektur! Der Bau, schrieb er, sei »von einer solch nüchternen Strenge, daß darin kein unwahres Wort möglich sein sollte«.

Das Festhaus Gürzenich in Köln, das wie die Paulskirche eine Kriegsruine war, ehemals und nun wieder zur »guten Stube der Stadt« ausersehen, verwandelte er in einen »Bau für Festliches, auch Vergnügliches«, für Bälle, Bankette, Karnevalssitzungen, für ernste und für leichte Reden. Die Kirchenruine darin ließ er so gut wie unangetastet, denn »wir wollen das lassen«, sagte er, auch wenn die Ratsherren es nicht mochten. Dafür richtete er den Saal her und machte aus dem großen Treppenhaus dazwischen eine Empfangshalle von schwungvoller barocker Großzügigkeit. Alles das mit den allerkargsten Mitteln. Nicht Dekors erzeugen festliches Gefühl, sondern die temperamentvolle Raumkunst. In dieser Treppenhalle möchte man glauben, sie sei es, die sich bewege, nicht man selbst.

Eine Erfahrung, an die man sich im Museum für Angewandte Kunst erinnert fühlt, einem U-förmigen Backsteinkomplex mit vielen Giebeln und einer langen Eingangswand, die von 21 Pilastern maßvoll belebt wird. Der markanteste Raum darin ist die sehr große, bis an die Oberlichtdecke unterm Dach reichende, Ruhe verbreitende Halle, deren lange gerade Podesttreppe das Hauptgeschoß erschließt (aber das zweite Stockwerk einer elegant ausholenden Wendeltreppe überläßt). Sie ist auch nach dem Umbau so geblieben wie sie war mit ihren Galerien und den Betonkassettendecken, in denen die versetzten Glühbirnen ein hübsches Muster zeichnen, und mit ihrer großen Glaswand zum Hof. Die wichtigsten Räume sind natürlich die fünf Oberlichtsäle oben im Hauptgeschoß, die wie beiläufig mit Seitenlichträumen verbunden sind.

Rudolf Schwarz war schon eine eigenwillige, wohl nicht zufällig an Hans Döllgast in München erinnernde Erscheinung der Moderne, deren Kraft, wie mir scheint, noch lange nicht ausgeschöpft worden ist. Stärker als bei anderen waren die Wesensmerkmale seiner Baukunst: Bescheidenheit, Klarheit, übersichtliche Ordnung, eine sehr gescheite Lichtführung. In seinen profanen Bauwerken wie in seinen vielen Kirchen gibt sich diese im Einfachen begründete räumliche Vielfalt ruhiger, eindrücklicher Formen zu erkennen. Lauter Erscheinungen, denen man heute eine Renaissance wünscht – nein, selbstverständlich keine Repliken, aber den Geist möchte man lebendig wissen. Vielleicht trügt die Vermutung, Rolf Schwarz und eine Anzahl anderer Architekten der fünfziger Jahre könnten vielerlei Anregungen bieten, und die Hoffnung, daß sie begriffen werden, nicht ganz und gar. »Unsere Bauten«, schrieb er 1958 in seinem Aufsatz über »Die Baukunst der Gegenwart«, »sind vielen Stunden und vielen Jahren Heimat des Geistes, sie müssen lange dauern, vielleicht von Generationen bewohnt werden. Sie sind selbst wie große alte Bäume. Der Baumeister weiß und bedenkt das. Er nimmt die Dauer in seine Entwürfe hinein, daß sie lange gelten und schön altern. Nichts ist seiner Kunst fremder als der bunte, aber kurze Flor des Modischen.«

Gibt es ein besseres Valet zur Postmoderne und ihren fixen Bastarden – da uns die Ressourcen der Welt Sorge machen, da wir die Verschwendung leid sind, da das (lieber gesprochene als beherzigte) Wort Ökologie genauso oft vorkommt wie das Wort Architektur?

5

5
St. Anna Düren
Rudolf Schwarz

Michael Kaiser

Die wiedervereinigten Architekten

Aspekte und Ansätze zur geschichtlichen Aufarbeitung

Seit dem Schleifen der innerdeutschen Fortifikationsanlagen im November 1989 hat die Architektur begonnen, ihre Haltungen und ihre Leistungen kritisch zu vergleichen. Der Westen spricht von Fehlentwicklungen, in deren Folge vielen deutschen Städten und Landschaften ihr Kainszeichen aufgedrückt wurde, Kulturverluste, deren wiederholtes Wirkschema im Osten jetzt um jeden Preis verhindert werden müsse. Der Osten bekennt sich zu seiner jahrzehntelangen Ohnmacht und begreift aus der retrospektiven Sicht, daß erst in der Auswertung der Verhältnisse, wie sie tatsächlich waren, Verständnis gegenüber Werk und Person der »betroffenen« Architekten entsteht und über erhaltenswerte Ergebnisse oder Altlast in der Architektur der vergangenen vierzig Jahre an Hand inhaltlicher Kriterien befunden werden kann.

Der westliche individuelle Architekt, dessen Werk sich ihm als »sein« Werk zur Seite stellt, wird dem östlichen Architekten jetzt zum kritischen Kollegen, einem seinerzeit vom Individualismus »befreiten«, den Restriktionen ausgelieferten »gesellschaftlichen« Architekten, dessen Werk, ein – was auch immer das heißt – »gesellschaftliches« werden mußte, das Werk einer Gesellschaft, die am Ende in der Folge ihrer eigenen Widersprüche bedingungslos in sich zusammenbrach.

Die architektonischen Zeugen des vierzigjährigen Widerstreits zwischen dem individuellen Anliegen des Architekten und seiner gesellschaftlichen Ohnmacht stehen vor uns. Kümmern wir uns gemeinsam um die Fragen, die uns aufgegeben sind, Fragen des Fortbestehens, der Assimilation im Neuen oder der Annullierung durch das Neue. Bewerten wir das Geschichtliche nach den Kriterien seiner Tauglichkeit für die Zukunft, bewerten wir die Architektur nach ihren Inhalten und nach dem Maß der Durchsetzung funktional-gestalterischer Grundwerte, die niemals aufgehoben worden sind, deren Durchsetzung nur zunehmend erschwert wurde.

So entsteht ein Verfahrensalgorithmus zum Aufbau neuer Beziehungen in der deutsch-deutschen Architektenschaft und ein neues Verständnis für ihre getrennte Geschichte.

Architektur und Zuversicht

Da Architekten Werte schaffen, von denen erwartet wird, daß sie die Zeiten, wenn möglich, überdauern mögen, sind ihre Ambitionen, gesellschaftliche Strukturen hinsichtlich ihrer Vitalität und Zukunftsträchtigkeit zu prüfen bis hin zum Anliegen einer philosophischen Stimmigkeit, substantieller Art. Andererseits ist die ständige Auseinandersetzung mit den vielfältigen Aspekten des Bauens zwischen Funktion, Technik und Kunst so gewaltig, daß der Architekt schon aus der Position des schöpferischen Vermittlers zwischen Auftraggeberanliegen und den im allgemeinen hemmend wirkenden ökonomischen Bedingungen, zum philosophischen Fragesteller werden muß. Die Geschichte der DDR-Architektur ist die Geschichte der mißglückten Selbstverwirklichung weniger zukunftsgläubiger, privilegierter Staatsarchitekten und die geglückte Entmündigung der verbleibenden nichtprivilegierten Architektenschaft. Es ist gleichzeitig die Geschichte des massenweisen Einsatzes von »Führungsgenossen mit Zuversicht« an der Stelle von leitenden Architekten mangels derselben, sprich mangels Glaube an das verordnete System und damit die Verwirklichung der totalen Bevormundung der angestellten Architekten durch Nichtarchitekten oder Architekten mit Parteikarriere.

Die Formen der Entmündigung

Wenn wir uns heute der Frage gegenübergestellt sehen, zu beurteilen, ob es Versagen eines Systems war oder menschliche Mittelmäßigkeit, verantwortlich dafür, daß vieles unbrauchbar ist an Bausubstanz und umgesetzter Regionalplanung, und andererseits die Fähigkeit ausbilden wollen, im scheinbar Bedeutungslosen die dennoch bemerkenswerten Leistungen von unter außergewöhnlichen Zwängen arbeitenden Architekten zu erkennen, dann müssen wir Wissende um die inneren Bedingungen werden, unter denen Architekten zu schaffen hatten. Im Vergleich zum westlichen Berufsverständnis ist von einer permanenten Entmündigung der Architekten im Osten zu sprechen. Sie betraf alle Chargen unseres Berufsstands. Nur wurde sie völlig unterschiedlich empfunden.

Entmündigt durch das Diktat der Bauausführung

Das größte Maß an Unschuld für seine »Erzeugnisse« – so ein offizieller Begriff für Gebäudeplanungen – entstand für den Architekten durch den Tatbestand der Beschränkung in Bauweisen, Baustoffen und Technologien auf Grund staatlicher, restriktiver Baupolitik. Das, was vernünftiges Entwerfen zum Ergebnis gezeitigt hätte, wäre niemals umsetzbar gewesen. Deshalb wurde nicht »vernünftig« entworfen, sondern versucht, aus den begrenzten Möglichkeiten ein dem Bauanliegen möglichst nahekommendes »Erzeugnis« zusammenzuflicken, in den staatlichen Planungseinrichtungen oft unter dem Decknamen »Forschung und Entwicklung« verschlüsselt.

Daß die Beschränkungen durch die Bauindustrie in den Bezirken unterschiedlich waren und in Berlin-Ost viele Ausnahmen galten, besonders bei Staats- und Regierungsvorhaben, ändert nichts an der entmündigten Situation des Architekten hinsichtlich der Freiheit in der Entwurfsphase. Die aufopferungsvollen Versuche von Architekten, ökonomische, funktionelle oder gestalterische Nachteile aufzuzeigen, die sich in der Folge der materiellen Restriktion ergaben und damit Kritik an der systembedingten Baupolitik übten, sind von beispielloser Fülle.

Mehr noch sind aber die gelungenen Versuche von Wert, wo Architekten durch persönliche Beziehungen zu Ausführungsbetrieben und durch die Erstellung von Entwürfen für Fenster, Unterdecken oder Ausbauelemente bis hin zu Beschlägen und Leuchtensystemen dem Unvermögen der Wirtschaft verzweifelte Überbrückungsversuche lieferten und in besonderen Fällen sogar zur weitestgehenden Durchsetzung verhalfen.

In DDR-Zeiten wurden solche Leistungen, wie sie im Bergrestaurant Basteifelsen/Sächsische Schweiz (Architekt Ulf Zimmermann) oder dem Kinderheim Bad Elster (Auszeichnung zum Deutschen Architekturpreis 1991 – Architektin Barbara Halmagyi) verwirklicht waren, mit kollegialem Respekt quittiert. Dabei ging es im allgemeinen um nicht weniger als die Durchsetzung von architektonischen Grundhaltungen gegenüber der gesetzlichen Festschreibung einer »Nullösung für das Gestalten«.

Über die Fülle von Sonderregelungen und Weisungen war sichergestellt, daß nur unter Ausnahme die Verwendung von Holz, Stahl, großflächigem Glas, Unterhangdecken, Metalldachdeckungen – um nur einige Positionen zu nennen – zugelassen wurde. Dabei war die Überprüfung der Einhaltung der Verbote die vornehmliche Aufgabe eines jeden staatsbewußten Prüfingenieurs. Ob ihm bewußt war, welche zerstörerische Wirkung seine Position haben mußte, ist bis heute weitestgehend unklar geblieben, denn kaum ein Architekt wird bislang auf die Idee gekommen sein, mit den heutigen, aus der damaligen Ära übernommenen Beamten über diese Zeit zu sprechen und so vielleicht das darüber dünn gewachsene Gras wieder abzufressen. Dann müßten sich die damaligen Gesetzeshüter peinlich daran erinnern, daß die Reglementierung der Materialverwendung nicht selten bis zur gänzlichen Unkenntlichkeit einer architektonischen Idee führen mußte und der Sieg über den Architekten als einem Möchtegern, dem es galt, mehr Realitätssinn beizubringen, auch ein grausames Stück Kultursuizid dieser Zeit war, an dem sie ihren Anteil zu tragen haben.

Natürlich wurde die ganze Misere wohlbedacht stets sauber umschrieben, so daß innerer und äußerer (westlicher) Kritik nach Möglichkeit wenig Raum für formale Ansatzpunkte gegeben sein sollte: Holzverbot – betitelt als »Anordnung über den Einsatz von Rohholz, Werkstoffen aus Holz und Holzresten (staatliche Einsatzbestimmung vom 10. August 1978)«, oder: Glasverbot – als »Weisung zum sparsamsten Einsatz von Tafel- und Spiegelglas in hochwertigen Qualitäten im Bauwesen (Weisung des Ministers für Bauwesen Nr. 62/1977 vom 6. 5. 1977)«.

Sogenannte NSW-Produkte, Erzeugnisse aus den Ländern des »Nichtsozialistischen Wirtschaftssystems« wurden nicht importiert, waren nicht verfügbar. Architekten, die beim Blättern im »Baumeister« oder in der »DBZ« nicht nur bei der Betrachtung der westlichen Architekturen, sondern schon beim Lesen der Firmen- und Erzeugniswerbungen im Vergleichen mit ihren östlichen Verhältnissen Gefahr liefen, trübsinnig zu werden, hatten sich gleichzeitig eines Deliktes schuldig gemacht, denn vorsorglich solcher »inneren Probleme« hatte der Staat den Bezug westlicher Literatur schlichtweg untersagt, hatte also die Folgen der Nichteinhaltung dieser Informationssperre auch nicht zu verantworten, weshalb es um diese Problematik auch so gut wie keine öffentliche Diskussion geben konnte und brauchte. Literatur für Architekten sollten mehr und mehr Ministeratsbeschlüsse und Weisungen werden, um vom »Niveau« ostdeutscher Bürokratie der siebziger Jahre zu zeugen.

Entmündigt durch das Diktat der Serienstrategie

Das Fehlen jeglicher Marktmechanismen öffnete der Wiederverwendung von Projekten ohne Rücksicht auf Eignung für den Standort Tür und Tor. Die Serienanwendung wurde zum Diktat und für alle staatlichen Baubetriebe, deren Projektabteilungen ihre Projektierungskosten ständig zu minimieren hatten, zum einzigen Mittel, »effektiv« zu planen, die vorgegebenen Normen des »Planjahres« einzuhalten.

So kam es zu Entwürfen für sogenannte »Standortlose Wiederverwendungsprojekte«. Sämtliche Plattenbauten des Wohnungsbaus gehören dazu, aber auch sämtliche Neubauschulen, Kindergärten, Dienstleistungsgebäude, Ambulatorien, Wohngebietsgaststätten, Kaufhallen, Sporthallen, Schwimmbäder, Altersheime – die Funktionen einer Stadt wurden in zwei Handvoll Gebäudetypen gepreßt und den staatlichen Büros für Städtebau (Büros der Stadtarchitekten) zur Verfügung gestellt, man nannte ihre Tätigkeit deshalb auch schlicht »Klötzerschieben«.

Im allgemeinen hatten die Architekten, die für das Entwerfen der WV-Projekte zuständig waren, keinerlei Einfluß auf die städtebauliche Einordnung ihrer Projekte. Ein weiterer Bruch in der Autoren- und Verantwortungsstruktur entstand mit der Übernahme der »fertigen« WV-Projekte in die Abteilungen der Kombinate, die ausnahmslos für die Standortanpassung, genannt »Angleichung«, verantwortlich waren. Erging der Auftrag an ein Kombinat, eine Schule zu bauen, wurden die Architekten lediglich zur

Standortangleichung des in den Schubkästen liegenden Projekts, das sie selbst nicht entworfen hatten, beauftragt. Höheneinordnung, Leitungskoordination und Straßenanschluß verblieben für die schöpferische Architektentätigkeit und natürlich das Unbehagen, einen Bau zu befördern, der nicht in die Landschaft paßte und auf den tatsächlichen Nutzungsbedarf nicht recht einzugehen vermochte. Dennoch hatten die Architekten ständig Arbeit mit den verordneten Fertigprojekten, denn so, wie sie geplant waren, konnten sie in Anbetracht ständig wachsender Materialverbote nicht bleiben.

Dazu kommt noch, daß die meisten WV-Projekte für einen ersten Standort mit den entsprechenden baulichen Besonderheiten geplant wurden, als einmalige Chance für den beauftragten Architekten, wirkliches Entwerfen, wenn auch unter den vertrauten Restriktionen, zu praktizieren.

Diese »Pilotprojekte« waren für die Wiederverwendung nur unter der nachträglichen Abschleifung aller daraus rührender Spezifika geeignet, die besondere Aufgabe der in den Abteilungen »Rationalisierung« beschäftigten Architekten und Ingenieure, die sich nunmehr als diejenigen zu fühlen begannen, die die »Flausen« ihrer Projektautoren auszubaden hatten. Der zu individueller Leistung fähige Architekt wurde schon aus dieser Konstellation heraus zum »Problem« in der erzeugnisorientierten Planungsstruktur.

Um nur eines der unzähligen Beispiele der Veränderung eines Typenprojekts zu nennen, das auf Grund neuer Nutzungsanforderungen völlig entstellt wurde, statt daß vernünftigerweise eine generelle Neuplanung hätte erfolgen müssen: das 17geschossige Appartementhaus an der Jannowitzbrücke in Berlin (Architekt Josef Kaiser).

Ohne Einspruchsmöglichkeiten des Autors wurde das für 240 Einraumwohnungen geplante Haus, das für diese Nutzung eine klare räumlich-gestalterische Einheit erreichte, in den siebziger Jahren in Dresden ohne Änderung seiner Grundstruktur in ein Serienprodukt mit unterschiedlichen Wohnungsgrößen umprojektiert, so daß das auf die Ursprungsfunktion bezogene effektive Mittelgangsystem zur Absurdität gelangte, die klare Loggienfassade zu einem unförmigen Gestaltungsbrei umkippen mußte. Dieses neue autorenlose Architektur-Rudiment wurde durch Dresdner Stadtplaner gleich viermal im Zentrum entlang der Grunaer Straße eingeordnet, fünfmal auf den Südhöhen, und ein weiteres dutzendmal in Nebenzentren der Stadt, darüber hinaus in den Städten Pirna und Riesa.

Entmündigt durch das Diktat der »staatlichen Leiter«

Da Architekten unter den Bedingungen des zentralen staatlichen Baumonopols nicht freiberuflich tätig sein konnten (nur wenige ältere Berufskollegen waren Besitzer einer sogenannten Projektierungsnummer, als einem herübergeretteten Relikt aus der Nachkriegszeit), hatten sie stets Staatsdiener als mittelbare oder unmittelbare Vorgesetzte.

Durch das Versetzen des planenden Architekten in die zweite Reihe wurde sein Tun der Zensur unterworfen, dem Diktat seiner zumeist nicht vom Fach kommenden Vorgesetzten, die ihre Einsparungsforderungen stets ökonomisch und damit politisch begründeten. Darüber hinaus gab es in den Kombinaten auch Kontrollgremien, welche die Einhaltung aller Restriktionen vorprüften (sogenannte Schutzgütekommissionen und Technische Räte).

Während es in den fünfziger Jahren noch scharfe Architekturdiskussionen gegeben hatte, mit dem Ziel, eine stets völlig am sowjetischen Vorbild orientierte und den westlichen Entwicklungen kraß widersprechende architektonische Richtung vorzuschreiben, war in den nachfolgenden Jahrzehnten zunehmend »gute Architektur« an der Verwendung und Qualifizierung der vorgefertigten Bauelemente zum Bewertungsmaßstab im Sinne einer Doktrin erhoben worden. Im Sinne eines »wissenschaftlichen Vorlaufs« wurden die ökonomischen Bauweisenvergleiche der Bauakademie oder der Technischen Universität Dresden zu Bauvorgaben für die Kombinate erhoben mit dem Ziel, das Bauen auf ein Baustein- oder Baukastensystem zu reduzieren, mit dem das individuelle Projekt überflüssig, weil ökonomisch nicht vertretbar, werden sollte. Völlig getrennt davon wurde in den achtziger Jahren in Anbetracht der verfallenden Altbaugebiete an einer industriellen Sanierungsstrategie gezimmert, deren Wirksamwerden jedoch durch den beschleunigten Verfall der Bausubstanz weit überholt zu werden drohte.

Wichtigste Feststellung dieser Seite der Ohnmacht von Architekten: Die staatlichen Leiter hatten weniger Bauchschmerzen mit der Reduktion von Architektur gegen Null, sondern entdeckten ihre Stärke im Entscheiden von »Gestattungsvarianten« bei der Elementierung von Gebäudefassaden. Dabei taten sich außerhalb der Projektierungseinrichtungen die Büros der Stadtarchitekten besonders »zielsicher« hervor. Da von der Genehmigung der Fassaden durch den Stadtarchitekten gleichzeitig die bauaufsichtliche Zustimmung abhing, war das Kräfteverhältnis perfekt: Betriebsdirektor und staatliche Kontrolle bildeten eine gemeinsame Front, ausgerichtet über Parteiplenum und »Plandiskussion«. Einziger möglicher Widersacher: der Architekt, den komplexeren funktionell-gestalterischen Zusammenhängen verpflichtet.

Der damalige Stadtarchitekt Dresdens, Heinz Michalk, um auch hier ein Beispiel stellvertretend für die ungezählten Fälle von Bevormundung zu belegen, verlangte die Änderung der Fassade des Neubaus der Pädagogischen Hochschule (heute Ministerialgebäude), weil die Architektur an dieser Stelle wörtlich »zu anspruchsvoll sei«, und verlangte die Rücknahme der »Fassadenabweichung« im Eingangsbereich, auch zu Gunsten einer kostengünstigeren Lösung, die auf »Sonderelemente«, wie es Stützen von sechs Meter Höhe darstellten, verzichtet.

Der Betriebsdirektor des planenden und ausführenden Kombinats war ebenfalls zufrieden, denn die Herstellung der Sonderstützen erschien ihm als Risiko in der Fließfertigung. Der Architekt hatte keine Chance.

Heute ist die geminderte gestalterische Lösung augenscheinlich. Auf der anderen Seite wurden die eigentlichen städtebaulichen Belange durch den Stadtarchitekten für dieses Vorhaben überhaupt nicht verfolgt. Der ausgeführte Gebäudewinkel, der die notwendige Platzbildung vor dem anschließenden Gebäude des sächsischen Staatsarchivs ermöglicht, war nicht gefordert, seine stadtbauliche Wertigkeit gegenüber dem »geplanten« kranbahngerechten, geraden Gebäude wurde erst überzeugend durch die planenden Architekten nachgewiesen und letztlich, allerdings unter dem permanenten Vorwurf der Kostensteigerung, durch sie durchgesetzt.

Besonders unerträglich empfanden Architekten dann Bevormundungen, wenn sie in die Gebäudestrukturen eingriffen und von fachlich inkompetenter Seite ausgingen, vor dem ideologischen Hintergrund der »führenden Rolle der Arbeiterklasse« und ihres ästhetischen Anspruchs. Ulbricht verlangte im Jahr 1960 bei der Projektvorlage für das Filmtheater »International« in der damaligen Berliner Stalinallee, daß das Foyer von fünf Meter lichter Raumhöhe auf sechs Meter erhöht werde, da die Arbeiterklasse an Selbstbewußtsein ständig hinzugewinne, was in der Architektur Ausdruck bekommen müsse. Das Projekt wurde geändert und in dessen Konsequenz die ganze Gebäudehöhe um einen Meter erhöht.

Architektenpositionen in der Hierarchie

Mit dem immer klareren Hervortreten der Wirkmechanismen im realen Sozialismus konnten auch Erfolgsregeln für Architekten ausgemacht werden. Einflußnahme und Position stiegen proportional mit dem Erklimmen der festgefügten Stufen der hierarchischen Leitungsstruktur des zentralistischen Systems. Bezeichnend für den Status der Architektur der DDR ist wohl, daß in die vergleichbare Position eines Albert Speer, als »des Führers Architekten«, nunmehr wieder ein oberster Macher und Vertrauter aus dem Bausektor zum Strukturmerkmal werden sollte, im DDR-Fall der mit außergewöhnlichen organisatorischen Fähigkeiten gesegnete Erhard Gießke, ein Nicht-Architekt!

Die Spaltung der Architektenschaft wurde symptomatisch. Auf der einen Seite die Architekten, die in Anerkennung der staatlichen Forderungen durch Parteieintritt und Mitmachen zu mehr Entscheidungsbefugnis gelangen wollten, mit dem Endziel, privilegiert zu sein, Sonderprojekte bearbeiten zu dürfen, mit mehr Befreiung vom ökonomischen Diktat, oder, wenn sie Überzeugte waren, mit dem Glaube, durch ihre zunehmende Einflußnahme das Bauen von Grund auf verbessern zu können. Auf der anderen Seite der große Kreis der Kollegen, die einfach fachlich arbeiten wollten, neutral bleiben wollten, und dabei automatisch immer unweigerlicher in das entmündigte Lager gelangen mußten, dagegen ankämpfend, je nach Persönlichkeit und Charakter in den unterschiedlichsten Modifikationen, in letzter Instanz oft mit ihrer Ausreise den Ausweg suchend.

Hermann Henselmann schreibt am 10. 11. 1991 in seinem Kondolenzbrief über das Verhältnis zu seinem verstorbenen Berufskollegen Josef Kaiser: »Uns beide verband keine enge Freundschaft, aber eine respektvolle Zuneigung. Sie bestand in der gegenseitigen Unterstützung beim Hakenschlagen vor dem Gefressenwerden. (...) Als Josef Kaiser nach Weimar abgeschoben werden sollte, schlug ich dem damaligen Vizepräsidenten der Bauakademie vor, ihn an das Institut für Städtebau und Architektur zu holen. Er antwortete: Ich habe schon an einem genug. Der eine war ich. Diese Pimperl-Wichtig hatten das Sagen. Die Verschwörung der pathologischen Solidarität der Unbegabten gehörte zur Tagesordnung.«

Fernab von den wirklichen Problemen veranstalteten die Staatstreuen ihre Kongresse, Plenen und Bauausstellungen, verliehen sich Orden und feierten ihre vermeintlichen Erfolge: 1987, 9. Kongress des Bundes der Architekten der DDR – der BdA bekommt den »Großen Stern der Völkerfreundschaft« von Günter Mittag überreicht. Ostberlins damaliger Chefarchitekt Roland Korn dankte seinen Kollegen aus den Bezirken für ihren Beitrag zur würdigen Ausgestaltung der Hauptstadt ...

Umgang mit unserem Erbe

Der Umgang mit unserem baulichen Erbe ist auch der Umgang mit seinen Autoren.

Gute Architektur wird nicht dadurch schlecht, daß sie von Repräsentanten eines zusammengebrochenen Systems gemacht wurde, und schlechtes Bauen wird nicht besser, wenn seine Ursachen nachträglich aufgearbeitet werden. Meist blieben gute architektonische Lösungen und tragfähige städtebauliche Konzepte unvollendet. Das System war danach, nichts kontinuierlich durchzuhalten, gute, klare Lösungen zu zerreden oder durch fremde Einflußnahme zu entstellen.

Architekten sollte jetzt die Möglichkeit gegeben werden, ihre »Torsos« auf der Grundlage des durch die Vereinigung zurückbekommenen wirtschaftlichen Potentials zu korrigieren und zum ursprünglichen Gestalt- und Funktionskonzept zurückzuführen. Das wird auf nicht sehr viele Objekte anzuwenden sein. Die anderen seelenlosen Unarchitekturen, Wiederverwendungsprojekte, Wohnungsbauserien und Industriebauungetüme werden möglicherweise als autorenloser Ballast bewertet werden, über dessen Umbau, Anbau oder Abriß zu entscheiden sein wird.

Die große Chance ist im Osten dadurch gegeben – und das muß uns mehr und mehr klar werden –, daß den Städten ihr historisches Antlitz noch weitestgehend erhalten geblieben ist und Nachkriegsarchitektur von kulturellem Wert nur spärlich in den Zentren verwirklicht wurde. Wie von einer weisen Hand geführt, haben Stadtplaner nicht selten den Vormarsch des Plattenbaus in den Innenstädten so lange wie möglich versucht aufzuhalten und damit der Verwirklichung anspruchsvolleren Bauens mancherorts bis zuletzt den notwendigen Raum reserviert.

So hat zum Beispiel Dresden bis in unsere Tage hinein eine große Leere zwischen Prager Straße und Altmarkt und einen überdimensionalen, auf bauliche Verdichtung wartenden Innenstadtring bewahrt. Ist das nicht einer ausgestreckten Hand gleich die Geste zum gemeinsamen Vollenden des getrennt begonnenen Aufbauwerks, die Aufforderung an uns Architekten, das Tragfähige der Vergangenheit bewußt auszumachen und Neues in einer weiterführenden Verdichtung hinzuzufügen?

Überlassen wir nicht wieder Nichtfachleuten, Politikern oder Investoren allein die Entscheidung, was der Erhaltung wert und was »Altlast« sei, bilden wir unabhängige Fachbeiräte und muntern wir Wissende auf, unser jüngstes bauliches Erbe zu analysieren, und versuchen wir gemeinsam, einmal erkannten Werten zu ihrer kulturellen Bewahrung zu verhelfen!

Helmut Trauzettel

Architekturqualität – Traditionen, Entwicklungswege, Auffassungen

»Architektur in Deutschland '91« bringt erstmalig eine einheitliche Betrachtung, mit der Juryaufgabe sogar eine gemeinsame Wertung des auf so unterschiedlich bestellten Böden der vereinten Bundesländer in jüngster Zeit baulich Gewachsenen. Mit der Unsicherheit eines »Neuen«, der nicht in die vielfältig und kontinuierlich geführte Diskussion um den Qualitätsausdruck der Architektur mit einer nachgewiesenen Entwicklungslinie[1]) eingebunden war, kam ein aus den östlichen Ländern geladener Preisrichter nach Essen. Zum ersten Mal war ein bisher Außenstehender beim Herausfinden der das Niveau bestimmenden und den Weg markierenden Leistungen beteiligt. Nach allem interessierten Fernstudium bundesdeutscher Architektur, ohne eigenes Training unter gleichen Bedingungen und Spielregeln, war das ein ersehnter Einstieg in die Arena der Auseinandersetzung, eine Chance, sich anschließen und zugleich einbringen zu können. Wobei die Gegenseitigkeit im Nehmen und Geben dem Mitausschlaggebenden in der »Richterskala« erst nachträglich aus freundlichen Schreiben bewußt wurde, die ihm in die Diskussion eingebrachte neue Qualität bescheinigten, welche der Urteilsfindung und Wertung ausgesprochen gut getan hätte.

Eine solche Daseinsberechtigung im gesamtdeutsch vereinten Betrachtungsfeld ist für den durch den »Grenzfall« erst recht Verunsicherten, Sich-einbringen-Wollenden lebenswichtig. Das muß für alle um ihre Existenz ringenden Architekten des Ostens gesagt werden. 30 Teilnehmer aus den neuen Ländern hatten den Mut, sich mit Bauten, die unter völlig anderen Voraussetzungen entstanden waren, den gleichen Wettbewerbsanforderungen zu stellen. Davon gelangte eine Arbeit in den Auszeichnungsrang, eine weitere in die Reihe der Anerkennungen. In beiden Objekten klingt eine Baukultur der zwanziger Jahre fort. Es wäre hier wert, und Jürgen Joedicke hatte es angeregt, darüber zu berichten, wie bei den Stillen im ehemaligen DDR-Lande, abseits von der Krangleis-Monotonie, Neues Bauen über Bauhaus-Schüler auf die Enkel weiterwirkte.

Aber es soll notwendigerweise bei diesem Beitrag um das so schwer und oft auf unseriöse Weise in Gang kommende aktuelle Wettbewerbs-, Planungs- und Baugeschehen in den ostdeutschen Ländern gehen, um das, was insbesondere die Architektur im Vereinigungsprozeß aus gemeinsamen Erfahrungen und vereinten Meinungen gewinnen und verlieren kann. Hoffnungen und Ängste zugleich sind mit dieser neuen Gründerzeit im Bauwesen der nachholbedürftigen Länder verbunden. Sie potenzieren sich mit dem unbeherrschbaren Vordringen der Investoren und ihrem Druck auf den Planungsvorlauf. Wie ist der Angst vor der Zerstörung charakteristischer Strukturen und der Angst vor dem Einstieg in ein freies Architektendasein zu begegnen?

Einer hat darauf die beste Antwort gegeben, Joachim Schürmann, der Architekturpreisträger 1991, dem auf der Wartburg das Schlußwort gewährt worden war. In Form dreier Wünsche einer Märchenfee hat er sie ausgesprochen. – Sollte das heißen, daß seine Wünsche in marktwirtschaftlicher Realität unerfüllbar sind? – Am Anfang stand der Wunsch für die Architekten des Ostens: Lassen Sie sich Zeit! Nachdenklich und behutsam gilt es, was zu tun ist, vorzubereiten. Vermeiden Sie Fehler, die wir in unseren Städten gemacht haben. Erhalten Sie, was den Charakter Ihrer zwar desolaten aber unverfälschten Altstädte ausmacht, ungeschminkt. Daraus folgerte der Wunsch an den Westen, offene Gesprächsbereitschaft zu zeigen, Erfahrungen zu vermitteln und Widersprüche kultiviert auszustreiten. Am besten geschieht das im Rahmen von Architekturwettbewerben. Und so kam an dritter Stelle ein Plädoyer für sie. Allen um die Identität mit ihrer Heimat und um ihr Dasein Ringenden muß die Chance gegeben werden, sich in die Auseinandersetzung einzubringen. Das darf nicht durch einseitige Juroren und Teilnehmerauswahl in Frage gestellt werden.

Zur Zeit sieht es anders aus. Die entscheidenden Dezernate der ostdeutschen Städte sind zumeist von Fremden besetzt. Das Immobiliengeschäft bestimmt die Baupolitik wesentlich mit. Westliche Architektenbüros beherrschen die Bauplanung, bearbeiten von Ferne Flächennutzungspläne und Ortsgestaltungssatzungen. Beim Dessauer Architekturwettbewerb um ein Steigenbergerhotel und Dienstleistungszentrum am Bahnhofsvorplatz war bei sechs Teilnehmern gerade *ein* einheimisches Büro aufgefordert worden. Beim offenen Wettbewerb um das Halberstädter Zentrum haben sich allerdings nur fünf »Einheimische« unter fünfzig Teilnehmern zur Teilnahme beworben. Es fehlt der Mut zum Selbständigwerden. Investoren beeinflussen das Entwicklungsgeschehen in den Städten. Eigener Planungsvorlauf, die Transparenz des Geschehens und die Beteiligung der Beheimateten ist in Frage gestellt. Ohne Aktienanteile aber geht ihnen Heimatbindung verloren.

Es ist ablesbar, daß sich in den neuen Ländern oft gerade junge Büros in die Geschichte zurück wenden, auch beim Postplatzwettbewerb in Dresden. »Alles muß wieder so schön werden, wie es nie war.«[2]) Sie sind belastet durch das, was mit ihren Städten geschehen ist, haben wenig Mut, sind nicht geübt und gewillt, gegenwärtige Architekturqualitäten schöpferisch zu bewältigen und einzubringen.

Dort liegt das gegenwärtige Problem: Welcher Standpunkt gilt für die Zukunft von etwa 200 Städten der neuen Bundesländer? Die Erneuerung in bestehenden Strukturen fordert nicht nur Können, sondern auch Positionierung. Veränderte Aufgabenstellungen verlangen die Aufwertung, oft Umnutzung vorhandener Bausubstanz und ganzer Stadtquartiere. Die Anpassung an den historischen Kontext und die Einfügung des Neuen mit gegenwärtigen Mitteln umreißen ein weitgespanntes Spektrum von Gestaltungszielen, die auf eine neue Gesamtqualität auszurichten sind. Welche Stadtbauqualität soll mit der Rettungsaktion für nahezu unangetastet erhaltene mittelalterliche Kernstädte wie sie in Bautzen, Meißen, Pirna, Quedlinburg oder Stralsund erhalten sind, ihren Ausdruck finden? Neben den hilfreichen Maßnahmen von Kammern und Verbänden der alten Bundesländer hinsichtlich eines planungsrechtlichen Nachholbedarfs in ihren Partnerschaftsbereichen wird die Integration gegenwärtiger Architekturqualitäten in die überlieferten Strukturen eine gemeinsame Aufgabe zur Rettung wertvoller Stadtbaukultur sein. Die hilfsbedürftigen Städte und Siedlungen des Ostens besitzen Beachtliches in ihrer desolaten Substanz, aber ihre Architekten beherrschen zu wenig die Kunst des Weiterbauens, haben verlernt, in wertsteigerndem Miteinander kreativ geborene Gegenwartsarchitektur mit der Vergangenheit zu einem Gestaltganzen zu vereinen.

Zwölf der namhaftesten Architekten Deutschlands haben vor einem Jahr in Dresden im Wechselgespräch mit sechs Kritikern ein Forum bestritten – bewußt war die leidgeprüfteste und zugleich hoffnungsvollste Stadt dafür ausgewählt worden – und hatten, als jeweilige Grundlage des Disputs, in einer begrenzten Zahl von Bildern ihr Werk mit der zugehörigen Philosophie zu interpretieren. Außer Karl-Joseph Schattner versuchte kaum einer, mit seinem Beitrag den in Dresden offenen Problemen zu dienen, etwa indem er herausstellte, wie das Einbringen seiner Architektur dem jeweiligen Gepräge des ihm überlassenen Umfelds gerecht werden könnte. Natürlich hatte Leon Krier mit seiner Aussage, daß der beste Entwurf für das zukünftige Stadtkonzept von Dresden auf den alten Luftbildaufnahmen vorhanden sei, die Sympathie der konservativen Bürger auf seiner Seite.

Beim Wettbewerb um die Gestaltung des Jenaer Marktplatzes bewegten sich die neunzehn eingereichten Arbeiten hinsichtlich ihrer Architekturhaltung in einem breiten Spannungsfeld von historisierender Nachempfindung bis zu gegenwärtigen Ausdrucksformen. Deshalb einigten sich Fach- und Sachpreisrichter in einem grundlegenden Disput über die Ziele der städtebaulichen Qualität und Baukörpergestaltung des Marktensembles im Kriterienkatalog mit vorgegebenen Positionen für die folgende Entscheidung[3]):

»Jena hat aus seinem historischen Eingebundensein in die geistigen Spannungswerte der fiktiven Doppelstadt Weimar-Jena als Universitäts- und Heimatstadt der klassischen deutschen Philosophie sowie in seiner ausgeprägten Entwicklung zur Moderne während der vergangenen zwei Jahrhunderte immer wieder Zeichen zur Humanisierung der Alltags- und Lebenswelt gesetzt, die mit Entwürfen aus der eigenen Zeit heraus weit in die Zukunft weisen. Die Jenaer Frühromantik, das Wirken des Jenaer Kunstvereins, die Carl-Zeiss-Stiftung und die reformpädagogischen Traditionen stehen hierfür als Modelle von europäischer Bedeutung. Schiller und Goethe trafen sich im damals modernsten klassizistischen Bau an der Südostecke des Marktes, einer der im Wettbewerbsgebiet zur Disposition stehenden Standorte. Mit dem Zeissplanetarium entstand die erste dünnschalige Betonkuppel in Jena. Neufert entwarf als Bauhauslehrer die Mensa für die Studenten der alten Universität.

In diesem Sinne sollten die Chancen genutzt werden, die die kriegsbedingten Baulücken am Marktplatz einräumen: An den Geist dieser Stadt anknüpfend sollen Zeichen unseres heutigen Selbstverständnisses und unserer Traditionsverbundenheit mit dem Blick auf Zukünftiges verknüpft werden. Nicht das Wiederholen historischer Formen, auch nicht der Etikettenschwindel historisierender Fassaden sollen die Formen heutiger Lebensverwirklichung verstecken. Gefragt ist der Mut zu einem neuen geistigen Konzept, das all diese Elemente zu einem harmonischen Ganzen verknüpfen soll. Dabei wird die Gestaltvervollkommnung in einer gegenwärtigen Architektursprache erwartet, keinesfalls in historisierender Nachempfindung der ehemaligen, in Jahrhunderten weitergewachsenen und sich ständig erneuernden Bebauung. Das Preisgericht orientierte auf eine zeitgerechte Architekturfassung unter Wah-

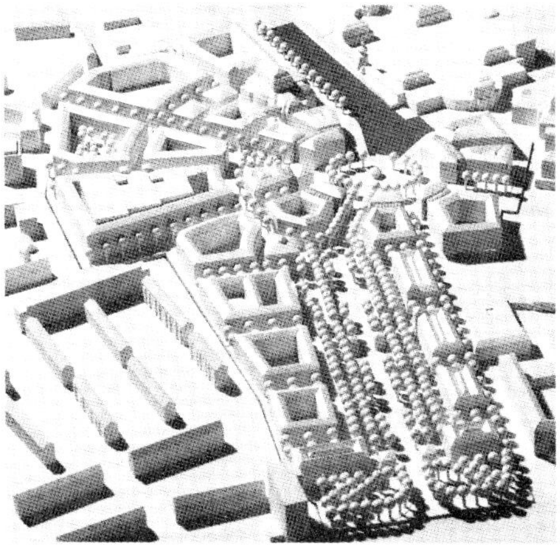

1
Die im zweiten Rundgang ausgeschiedene Arbeit von Professor Robert Krier, Wien, beim Wettbewerb Postplatz Dresden zeigt ein Jahr später zwar nicht die historische, vielmehr eine historisierend nachempfundene Bebauungsstruktur

2

3

2
Veranschaulicht perspektiv die Idee des 2. Preises für den Marktplatz Jena, der für die ausgewogene Lösung aller 3 Teilabschnitte zuerkannt wurde, ohne daß die Teilnahme an der Realisierung empfohlen werden konnte.
Verfasser: Griebel, Weimar; Kleinhenz, Frankfurt und Zechendorf, Leipzig

3
Zeigt die Vogelschau des rege diskutierten 1. Preises. Der Neuanfang an dieser Stelle macht den Marktplatz zu einem wichtigen Ort für den Maßstab des Wiederaufbaus der zerstörten Jenaer Innenstadt.
Verfasser: Thomas Erfurt aus Erfurt, Prof. Vladimir Nikolic, Michael Breda, Kassel unter Mitarbeit von cand. arch. Doering

rung der Raumproportionen des Marktplatzes. Moderne Nutzungskonzepte im Innenraum der Gebäude sollen sich auch durch eine zeitgemäße Gebäudegestaltung nach außen darstellen.«

Wie gelingt es uns, Meinungen auszustreiten, Erfahrungen, etwa aus der Diskussion um den Frankfurter Römer, einzutragen. Wie kann die Integration gegenwärtiger Architektur selbstverständlicher überzeugen. Klar hat sich Bundespräsident Richard von Weizsäcker in seiner Ansprache bei der Preisverleihung auf der Wartburg gegen eine »Denkmaltümelei« ausgesprochen. »Vor Historismus sollten wir uns in der Tat hüten. Ihm konnten sich unsere Vorfahren im 19. Jahrhundert unbefangen hingeben, wie dieser Festsaal auf der Wartburg bezeugt«, sprach er zu dem gewählten Treffpunkt. »Wir treffen uns gern hier, weil wir keine Ansteckungsgefahr zu fürchten haben.« Für Orientierungsunsicherheit sind nicht die Künstler verantwortlich, sie spiegelt die Realität der Gesellschaft wider. Er führte damit zur Kernfrage, der Qualität einer künstlerischen Leistung, zurück, die der schöpferischen Hand des Meisters obliegt.

Die Überschrift dieses Beitrags soll bei der Zusammenfassung seines Ziels als Frage wiederholt und spezifiziert werden: Von wem und wie werden städtebauliche und architektonische Qualitäten bei der Erneuerung der rettungsbedürftigen Städte in den neuen Bundesländern bestimmt?

Eroberungen bergen die Gefahr der Zerstörung in sich. Vereinigungen aber können bei harmonischer Partnerschaft fruchtbare Folgen haben. Wenn Wohnen Bleiben heißt, dann müssen denen, die in den Städten der östlichen Länder ihre Heimat gehabt haben, auch Ideenanteile und Mitwirkungschancen bei der Gestaltung und Entwicklung dieser ihrer Lebensräume bleiben. Der Bedarf und der Ruf nach Hilfe sollte die Bedürftigen nicht unter Kuratel stellen. Gute Ratgeber sind nötiger als zweitrangige Bevormunder. Ein Wirtschaftsaufschwung darf die desolaten, erneuerungsbedürftigen Städte im Osten nicht nachteilig verändern.

Auch wenn sich ihre Gefäße verjüngen, lebenskräftige Funktionen ihnen neue Züge verleihen, müssen die Charaktereigenschaften in den sanierten Städten die einmaligen Stadtbilder weiterhin prägen, müssen ihre Besonderheiten unter sozial-ökologischen Gesichtspunkten weiter herausgebildet werden. Im Enthusiasmus schneller Aktionen ist die Gefahr groß, den vielfältigen Anteil sanfter Wirkungsfaktoren in ihren Auswirkungen und im Blick aufs Ganze zu verlieren. Es gibt bereits viele nicht mehr reparable Beispiele unbedachten Handelns. Der nächste Deutsche Architekturpreis sollte vorbildliche und wirklich gemeinsame Aktionen für bauliches Geschehen im Rahmen der deutschen Vereinigung auszeichnen.

1) Ideen, Orte, Entwürfe. Architektur und Städtebau in der Bundesrepublik Deutschland 1949 – 1990. Ausstellungskatalog, Verlag Ernst & Sohn, Berlin

2) Bächer, Max: Neue Chancen für Stadtentwicklung und Architektur in den neuen Bundesländern. Deutsches Architektenblatt 9/91, S. 1334/36

3) Protokoll des Preisgerichts zum Wettbewerb Marktplatz Jena vom 13. 7. 1991

Mehrzweckhalle Schorndorf-Oberberken

Günther K. Wolz
Beyer-Weitbrecht-Wolz, Suttgart
Mitarbeiter: Robert Fetzer, Mehrafarin Ruzbehi, Franz Lang
Bauherr: Stadt Schorndorf, vertreten durch BM Dr. Kautt

1
Gesamtansicht. Die Halle markiert den Ortsanfang und fügt sich trotz ihrer Größe harmonisch in das Gelände ein

1

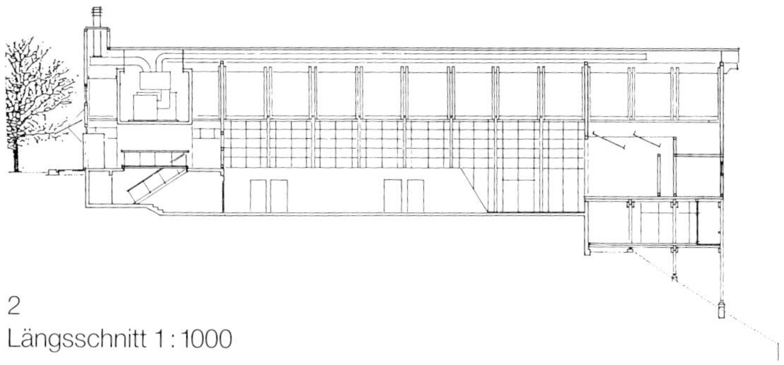

2
Längsschnitt 1 : 1000

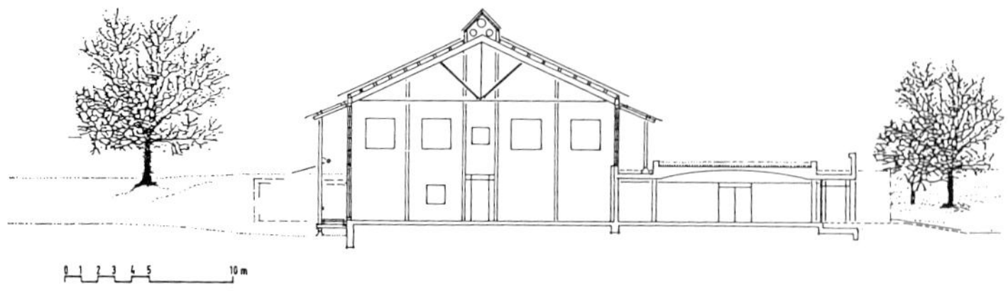

3
Querschnitt 1 : 1000

4
Grundriß Eingangsgeschoß
1 : 1000

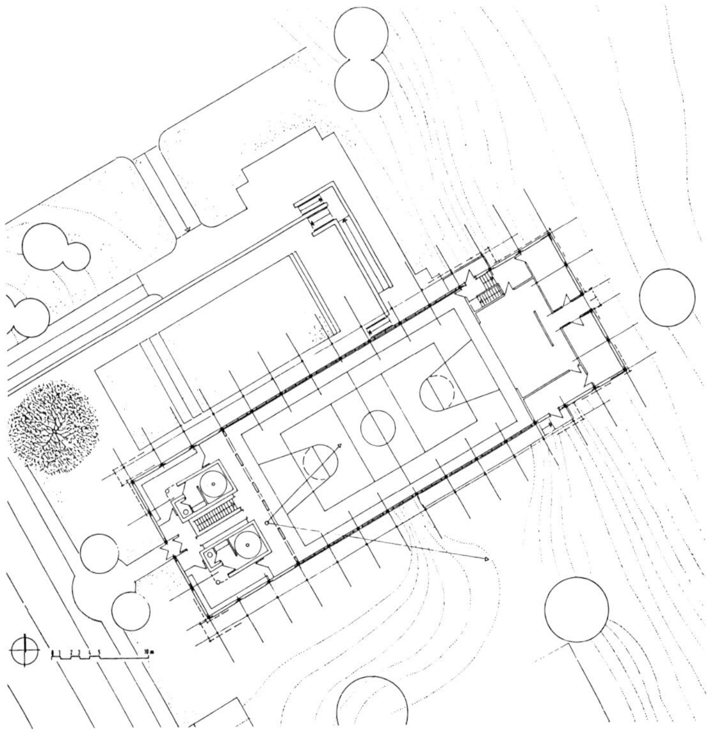

5
Grundriß Hanggeschoß 1 : 1000

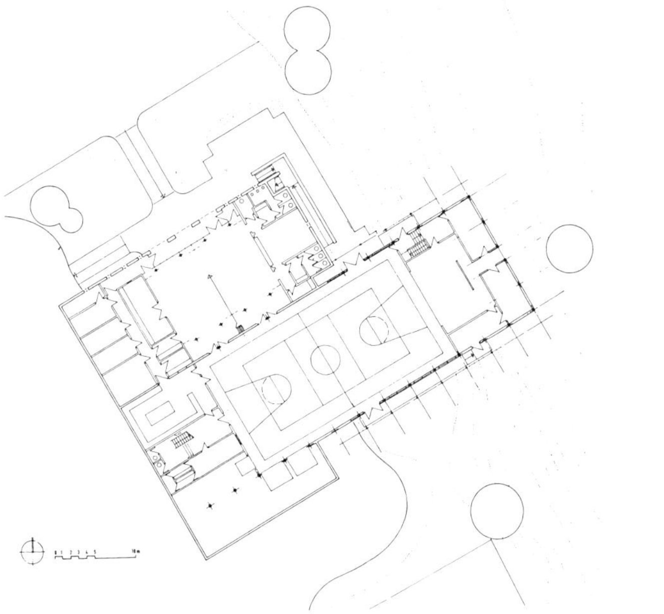

In ländlicher Umgebung am Ortsanfang und am Übergang zum Landschaftsschutzgebiet steht das »Gemeinschaftshaus«, eine Mehrzweckhalle in einfacher Rechteckform und mit Satteldach, inhaltlich klar gegliedert und verständlich konstruiert.

Die Scheunen und Häuser der Umgebung vertragen sich mit dem Bauwerk und mit der Landschaft, obwohl das neue Gebäude durch die notwendige Größe herausragt und trotz der schwierigen Hanglage, die es zu bewältigen galt. Gelände und Haus bilden eine harmonische Einheit, Konstruktion, Material und Gestaltung bedingen sich gegenseitig und entsprechen der einfachen und wohltuend klaren inneren Ordnung.

Ein Nahwärmenetz versorgt die Mehrzweckhalle mit Heizenergie.

1

Wohnhaus, Henzenbuch 73, Laichingen

Professor Rainer Hascher, Berlin
Bauherr: Peter Woernle, Laichingen

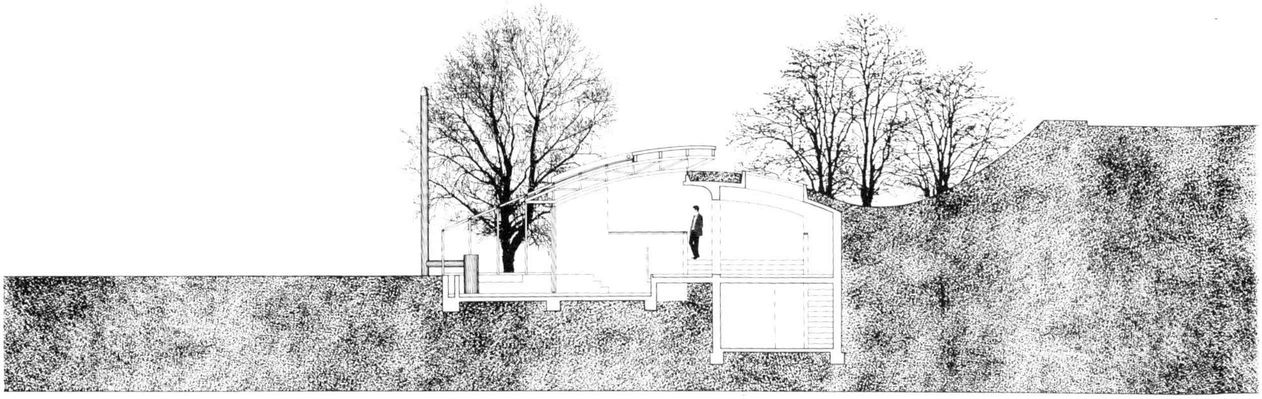

2

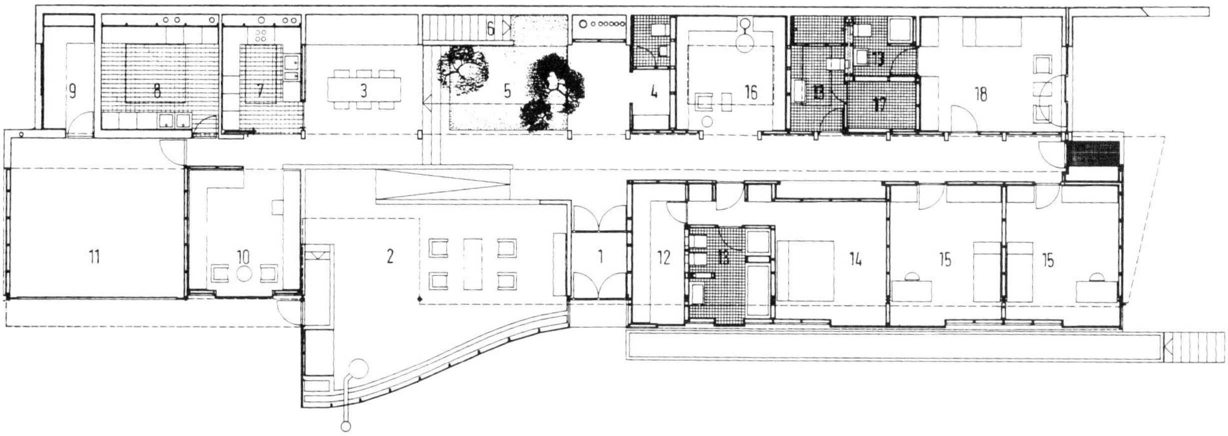

3

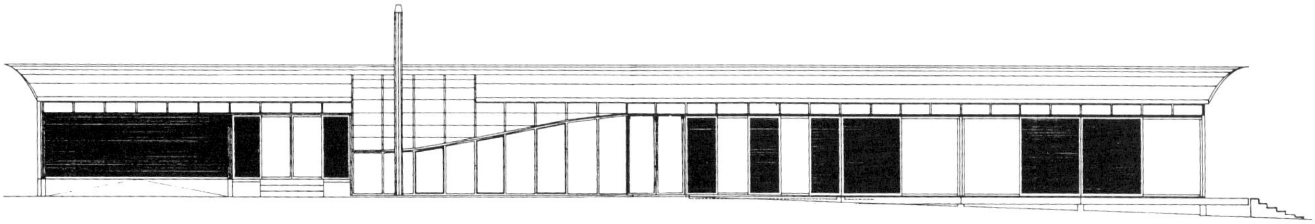

4

1
Gesamtansicht von der Zugangsseite

2
Querschnitt 1:250

3
Grundriß 1:250

4
Südansicht, Zugangsseite 1:250

1 Haupteingang, 2 abgesenkter Wohnbereich, 3 erhöhter Eßbereich, 4 Garderobe, 5 interner Garten, 6 Kellertreppe, 7 Küche, 8 Hauswirtschaftsraum, 9 Werkstatt, 10 Arbeiten, 11 Garage, 12 Ankleide, 13 Bad, 14 Eltern, 15 Kind, 16 Bibliothek, 17 Sauna, 18 Gast

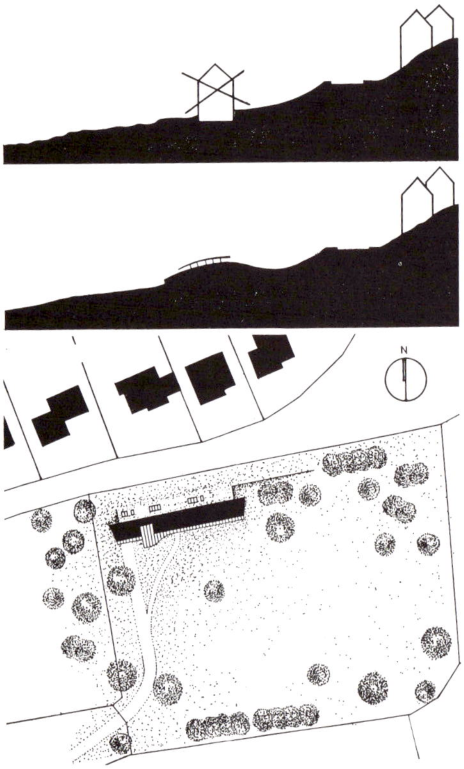

5

6

Ein sanft abfallender Hügel mit altem Baumbestand öffnet den Blick weit in die Landschaft der Schwäbischen Alb. Am Ortsrand eines Neubaugebiets von Laichingen liegt ein Wohnhaus für eine vierköpfige Familie, das sich in ungewöhnlicher Weise mit der vorgegebenen Situation auseinandersetzt und zugleich Rücksicht nimmt auf die Nachbarschaft.

Durch die gewählte Nord-Süd-Richtung des Hauses konnten die Wohnräume weit zur Landschaft hin geöffnet werden, während die Nebenräume in den Hang hinein gebaut sind. Von außen verbindet sich das Haus mit dem Hang und der Landschaft, im Innern ergeben sich Sichtbedingungen durch die Räume, so daß es scheint, als wohne man mitten in der Landschaft.

Konstruktion, Material und Gestaltung wirken so zusammen, daß die unterschiedlichen Bereiche des Hauses voll zum Ausdruck kommen.

Das Gebäude wird mit einer Fußbodenheizung in Kombination mit Konvektoren beheizt. Ein erdgasbeheizter Kessel liefert die Wärme.

7

8

9

5
Lageplan und Skizzen, welche die Grundidee des Entwurfs aufzeigen

6, 7
Gebäudeform und Gelände

8
Blick aus einem der Schlafzimmer

9
Erschließungsachse des Hauses

1
Treppenturm mit Aufzügen und Parkierungsflächen

2
Lageplanmodell.
Das Parkhaus als wichtiger Bezugspunkt für die Orientierung im Erschließungssystem des Individualverkehrs

Parkhaus Flughafen Fuhlsbüttel

von Gerkan, Marg + Partner Brauer,
Architekten BDA + Ingenieure, Hamburg
Entwurf: Professor Meinhard von Gerkan,
Dipl.-Ing. Karsten Brauer

Mitarbeiter: Dipl.-Ing. Klaus Hoyer,
Dipl.-Ing. Uwe Pörksen
Bauherr: Flughafen Hamburg GmbH

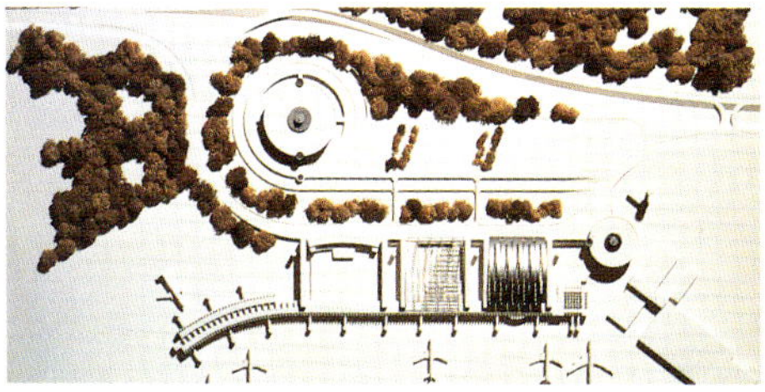

2

Das Parkhaus als Bestandteil des neuen Abfertigungsterminals in Fuhlsbüttel bildet einen wichtigen Bezugspunkt für die Fernorientierung im Erschließungssystem des Individualverkehrs.

Durch seine architektonische Rundform bildet das Bauwerk nicht nur seine Funktion als Dreh- und Gelenkpunkt innerhalb der vorhandenen und geplanten Gebäude nach außen ab; viel wichtiger noch ist, daß das große Bauvolumen durch seine Rundform an Masse verliert und sich deshalb in die vorhandene Situation bestmöglich einfügt.

Mit Geschick ist die vertikale Kommunikation innerhalb des Baukörpers bewältigt, indem der Aufzugs- und Treppenkern in Form eines runden Turms von dem eigentlichen Parkhaus abgesetzt bzw. davorgestellt wird. Durch unterschiedliche Oberflächengestaltung – teils als geschlossener Betonkörper, teils durch seine Verkleidung mit Glasbausteinen an der Treppenseite – macht der Aufzugsturm auf sich aufmerksam und unterstützt die Nahorientierung.

Durch eine vorgehängte, leichte Fassadenkonstruktion aus Stahlrosten werden Ausblick und Durchlüftung, aber auch eine flächenmäßige Geschlossenheit erreicht, die das von herkömmlichen Parkhäusern gewohnte heterogene Erscheinungsbild wohltuend ordnet.

Die bauliche Anlage besticht durch ihre Proportionen und Vermeidung von Schwere, was durch eine meisterhafte Beherrschung der offenen und geschlossenen Außenflächen erreicht wird.

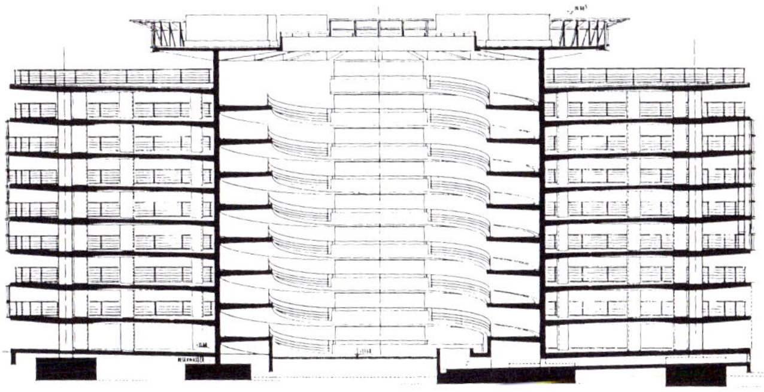

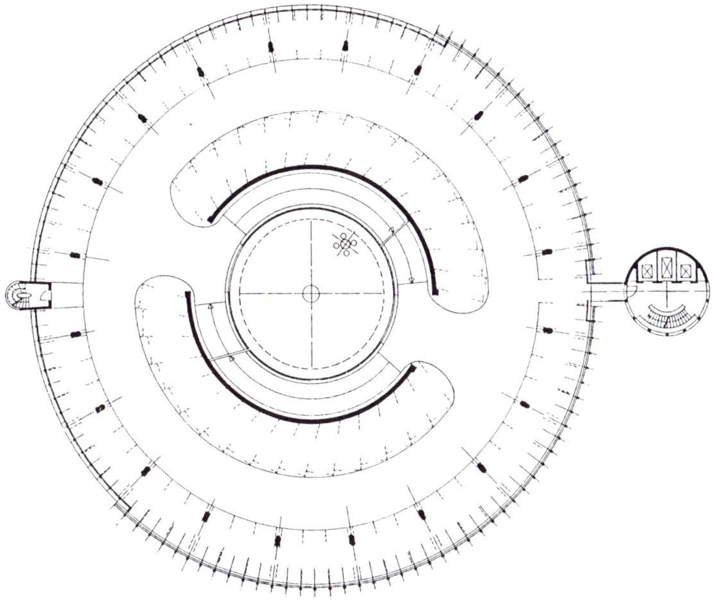

3
Querschnitt

4
Grundriß mit Parkierungsflächen
und zentraler Erschließung

3, 4

5

6, 7
Ausbildung Dachgeschoß mit Detail

5
Zentrale, von oben belichtete Auffahrtsrampe

8
Gesamtansicht

6

7

8

1

Vitra Design Museum, Weil am Rhein

Entwurf: Frank O. Gehry & Ass., Inc.
Santa Monica, California, USA
Planung und Objektüberwachung:
Architekten GPF & Assoziierte, Günter Pfeifer, Roland Mayer, Lörrach
Mitarbeiter (Büro Gehry & Ass.): Bob Hale (Projektmanager), C. Gregory Walsh (Projektentwurf), Berthold H. Penkhues (Projektarchitekt), C. J. Bonura, Edwin Chan
Mitarbeiter (Büro GPF & Ass.): S. Schlönvogt, S. Holzmann, K. Trcovic, B. Flüge, J. Dominiak, R. Novoa
Bauherr: Vitra Verwaltungs-GmbH, Weil am Rhein

1
Ausstellungsraum im Obergeschoß. Indirekt einfallendes Licht zont bestimmte Bereiche aus

2
Lageplan der Fabrikanlage mit dem Stuhlmuseum

3
Gesamtansicht mit Fabrikanlage

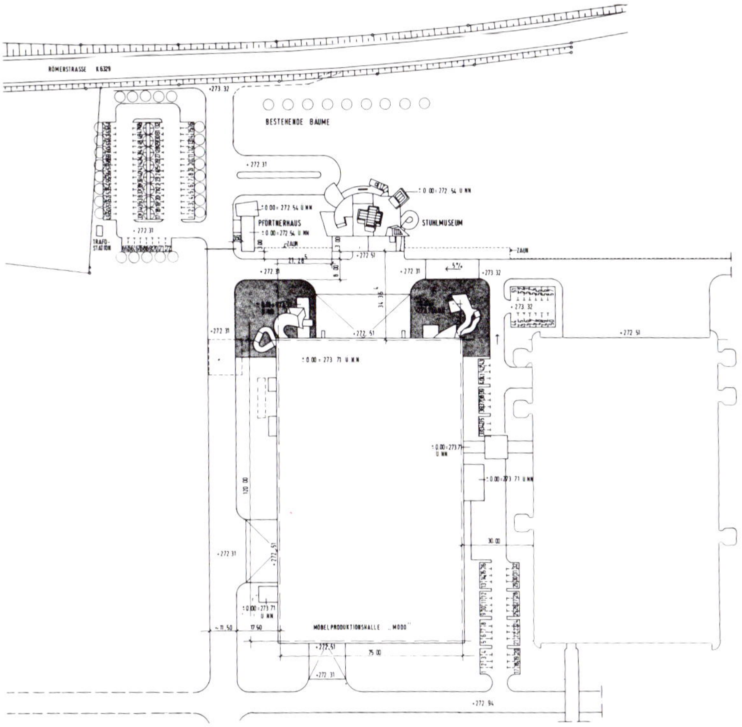

2

3

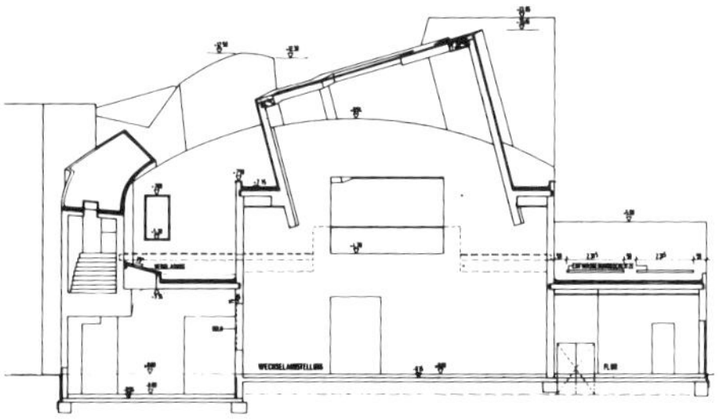

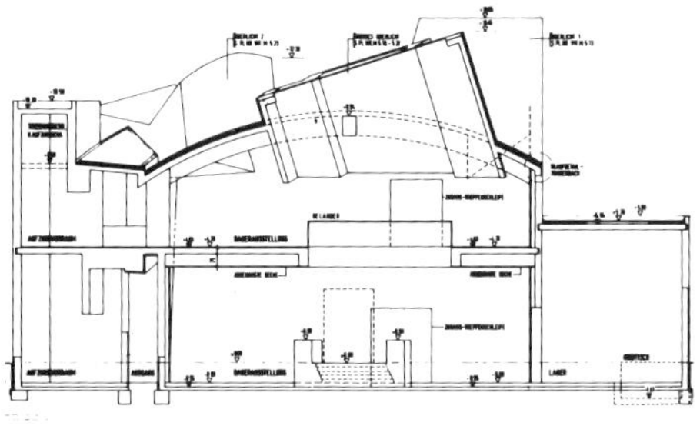

4, 5

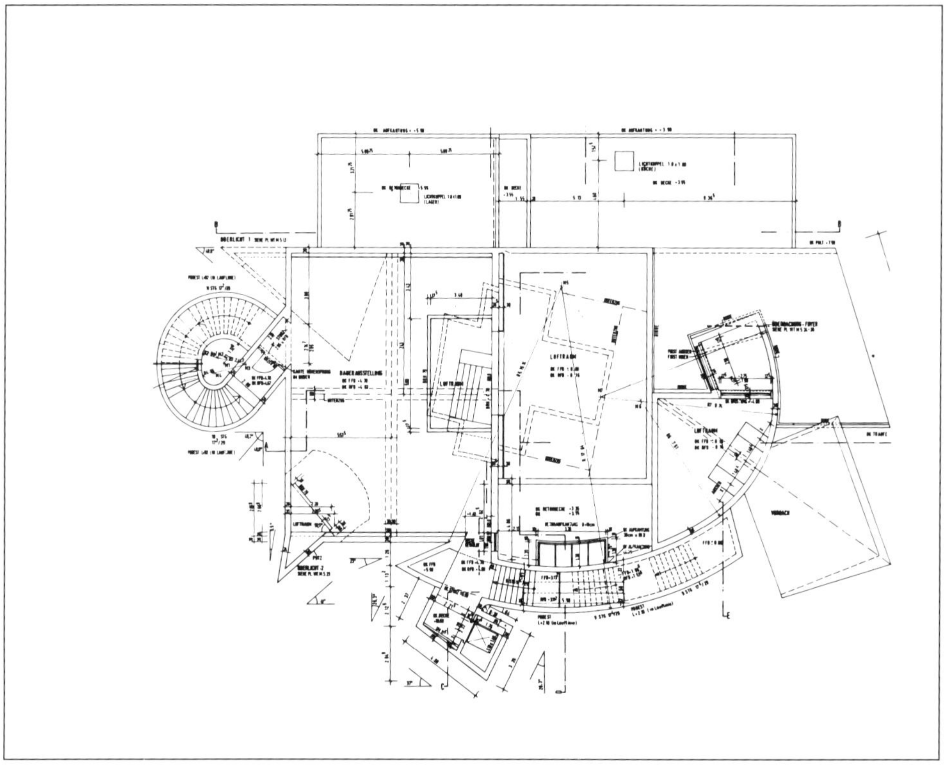

6

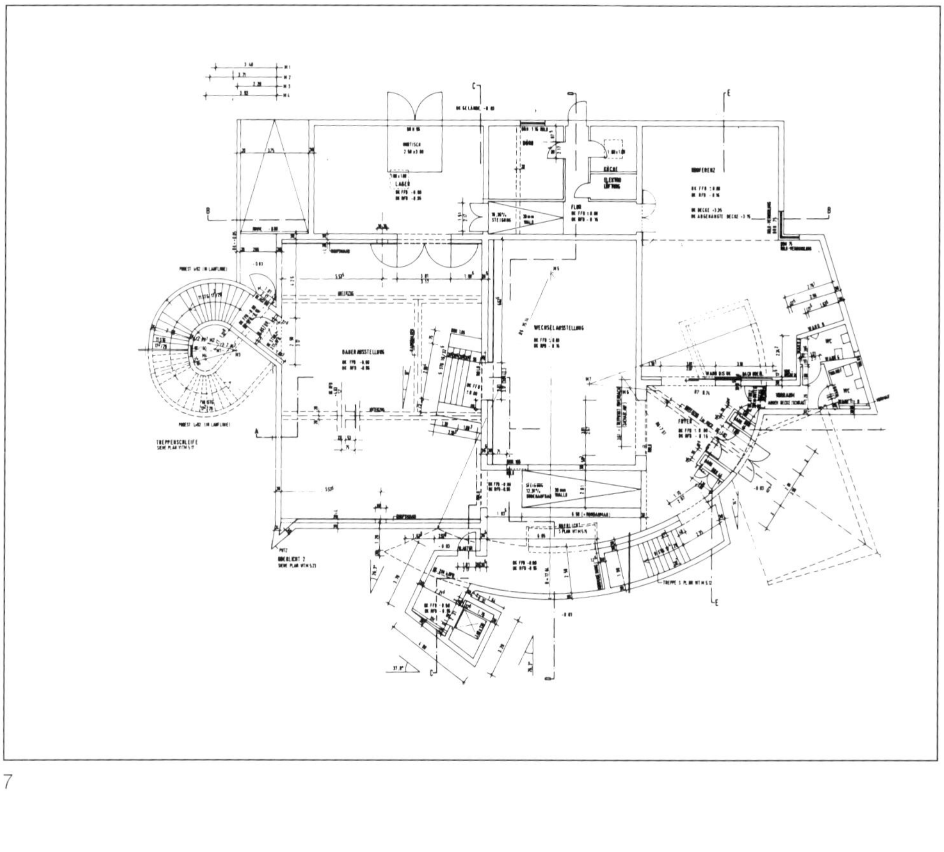

7

Ein aufregender Beitrag zur Architektur im Sinne der großen Tradition expressionistischen Bauens als »begehbare Plastik«. Kontrovers diskutiert wurden die räumlichen Qualitäten, der Reichtum der Lichtführung und die Präzision der Ausführung eines Bauwerks, das sich herkömmlichen Konventionen entzieht.

Die erdgasbetriebene Heizzentrale für die Produktionsgebäude versorgt auch das Museum mit Wärme.

4
Querschnitt durch den zweigeschossigen Raum für Wechselausstellungen mit Oberlicht 1:400

5
Querschnitt durch den Raum für Dauerausstellungen im Erdgeschoß und den Raum für Dauerausstellungen im Obergeschoß 1:400

6
Grundriß Obergeschoß 1:400

7
Grundriß Erdgeschoß 1:400

8

9

9
Raum für Dauerausstellungen im Obergeschoß mit Durchblick nach unten

8
Zweigeschossiger Raum für Wechselausstellungen im Erdgeschoß (S. 95)

10, 11
Ansichten. Das Gebäude als begehbare Plastik

10

11

1

Produktionsgeschoßbau, Radeberg

Friedrich Krohner, Dipl.-Architekt, Rödental
Bauherr: Gießerei und Glasformenbau GmbH, Radeberg/Sachsen

2

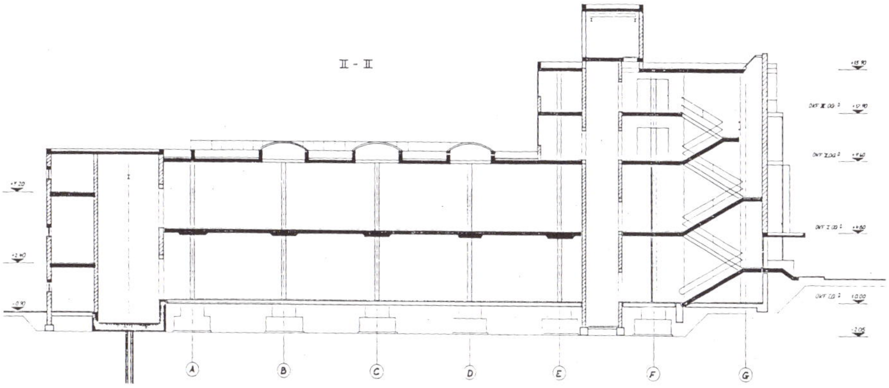

Längsschnitt 1:500

In der sächsischen Kleinstadt Radeberg galt es eine Lücke zu schließen und für den Glasformenbau als Produktionsstätte zu nutzen. Das zweigeschossige Gebäude schließt an eine dreigeschossige Gründerhausbebauung mit Mansardendach an, nimmt deren Maßstabs- und Materialvorgaben mit gelben Klinkern auf, setzt dazu jedoch eine völlig eigene Fassadenwertigkeit, die Traditionen aufnimmt und fortentwickelt in einer Zeit, da Schematismus und Monotonie in diesem Land viele Industriebauten beherrschten.

Das betriebseigene Heizwerk versorgt auch das Produktionsgeschoß mit Heizenergie.

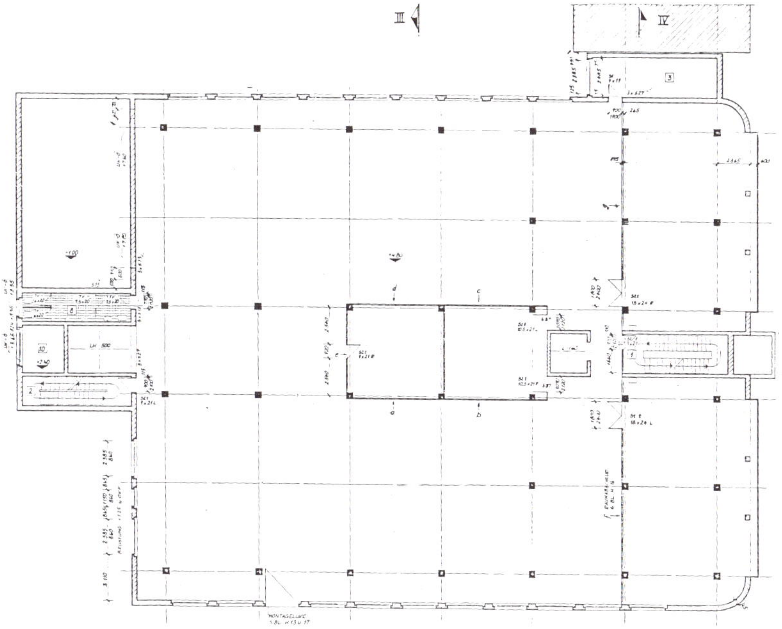

1
Straßenansicht. Die Produktionsstätte nimmt die Materialvorgaben auf und transformiert sie in eine völlig andere Wertigkeit

2
Eckausbildung

Grundriß Obergeschoß 1:500

2

1

3

Stadtbibliothek Tabakscheunen, Viernheim

Architekturbüro Rittmannsperger, Kleebank & Partner GmbH, Darmstadt
Mitarbeiter: Dipl.-Ing. Andreas Sedler (Projektarchitekt, Entwurf)
Gottfried Grumann-Giebel, Gerhard Klingenburg (Bauleitung),
Anke Mensing (Künsterlische Beratung, Möbeldesign)
Bauherr: Magistrat der Stadt Viernheim, Amt für Stadtentwicklung und Umweltplanung, Dr. Harald Kissel

4

Drei alte Tabakscheunen, heruntergekommen und inzwischen nutzlos geworden, werden intelligent und lebendig für die Stadt als Bibliothek neu nutzbar gemacht. Mit einer kühnen und eigenen Sprache werden die Scheunen im Inneren und Äußeren fast respektlos neu interpretiert. Dieses Beispiel sollte Schule machen.

Die Stadtbibliothek ist an das Nahwärmenetz der Stadtwerke angeschlossen. Die Wärmeerzeugung erfolgt in einem erdgasbetriebenen Blockheizkraftwerk.

1
Das eingestellte Stahlskelett innerhalb des alten Mauerwerkskörpers

2
Eingehängte Treppen

3
Leseplätze in den Obergeschossen

4
Lageplan

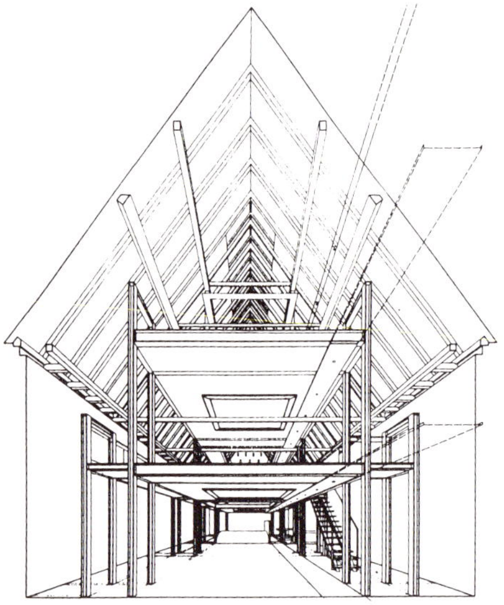

5

6

7

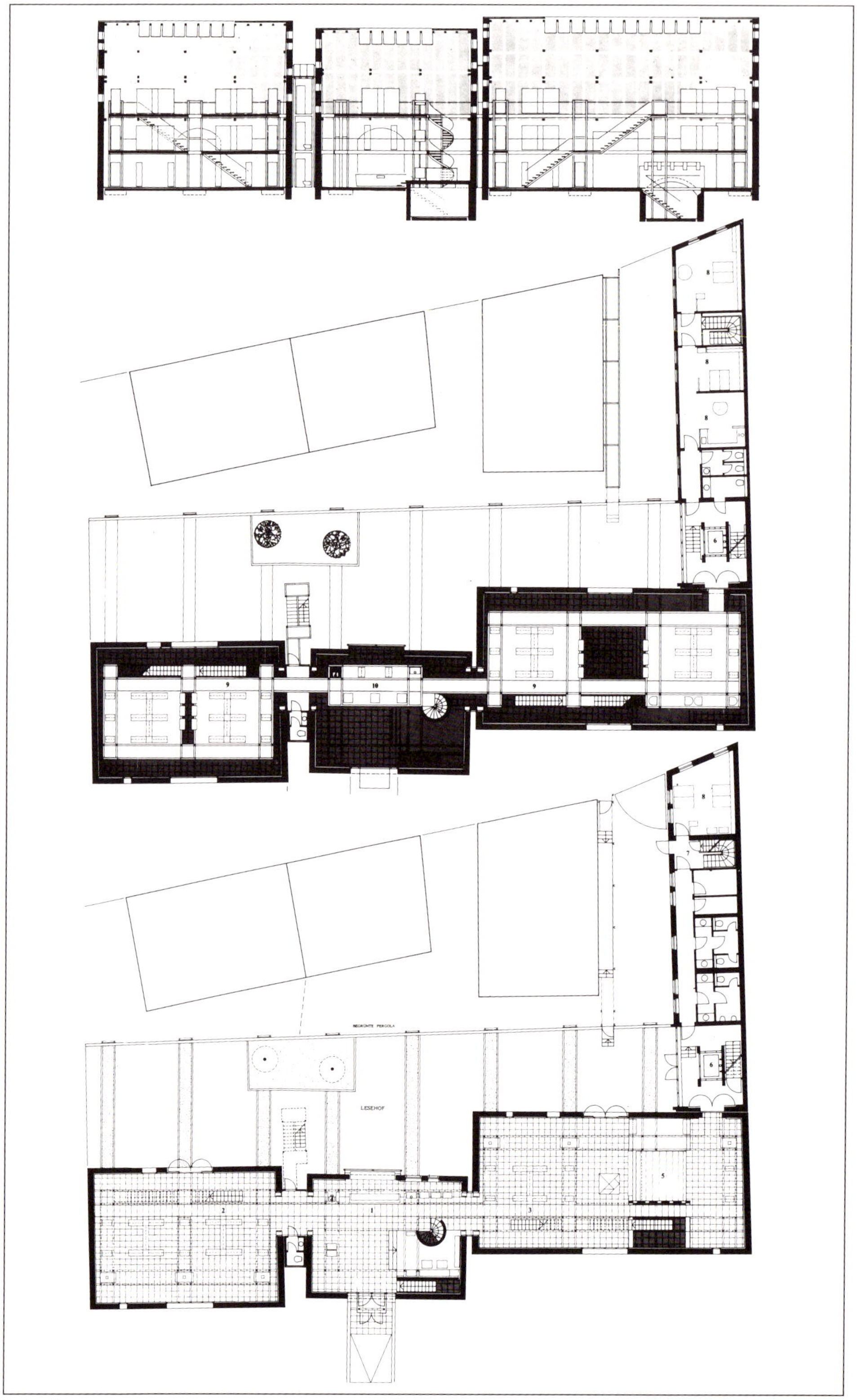

8, 9, 10

5
Das Gestaltungs- und Konstruktionsprinzip

6
Die Scheunen vor der Sanierung

7
Eingangsseite

8
Längsschnitt 1:500

9
Grundriß 1. Obergeschoß 1:500

10
Grundriß Erdgeschoß 1:500

1 Foyer, 2 Jugendliteratur, 3 Kinderliteratur, 4 Bücherlift, 5 Spielhügel, 6 Aufzug, 7 Personaleingang, 8 Verwaltung, 9 Schöne Literatur, 10 Spiele

11
Ausleihtheke, Blick vom Haupteingang

12
Blick vom Lesehof

11

12

1

1
Ansicht von der Hofseite

2
Querschnitt 1:500

3
Der Hof mit Blick zur Buchhandlung

4
Blick aus der Buchhandlung

Buchhandlung Geß, Konstanz

Herbert Schaudt, Freier Architekt BDA, DWB,
Konstanz
Mitarbeiter: Martin Cleffmann (Projektleiter), Torsten Gabele,
Martin Münzenmaier
Bauherr: Eberhard Geß, Konstanz

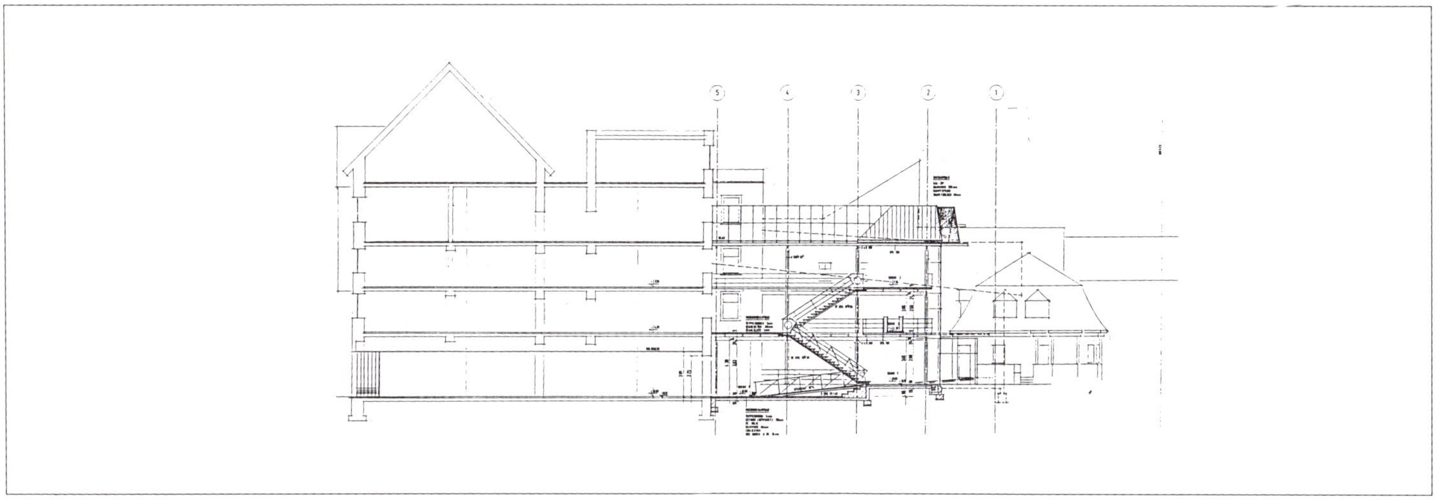

2

3

4

5
Grundriß Ebene 3, 1:500

6
Grundriß Ebene 2, 1:500

7
Grundriß Ebene 1 und 0, 1:500

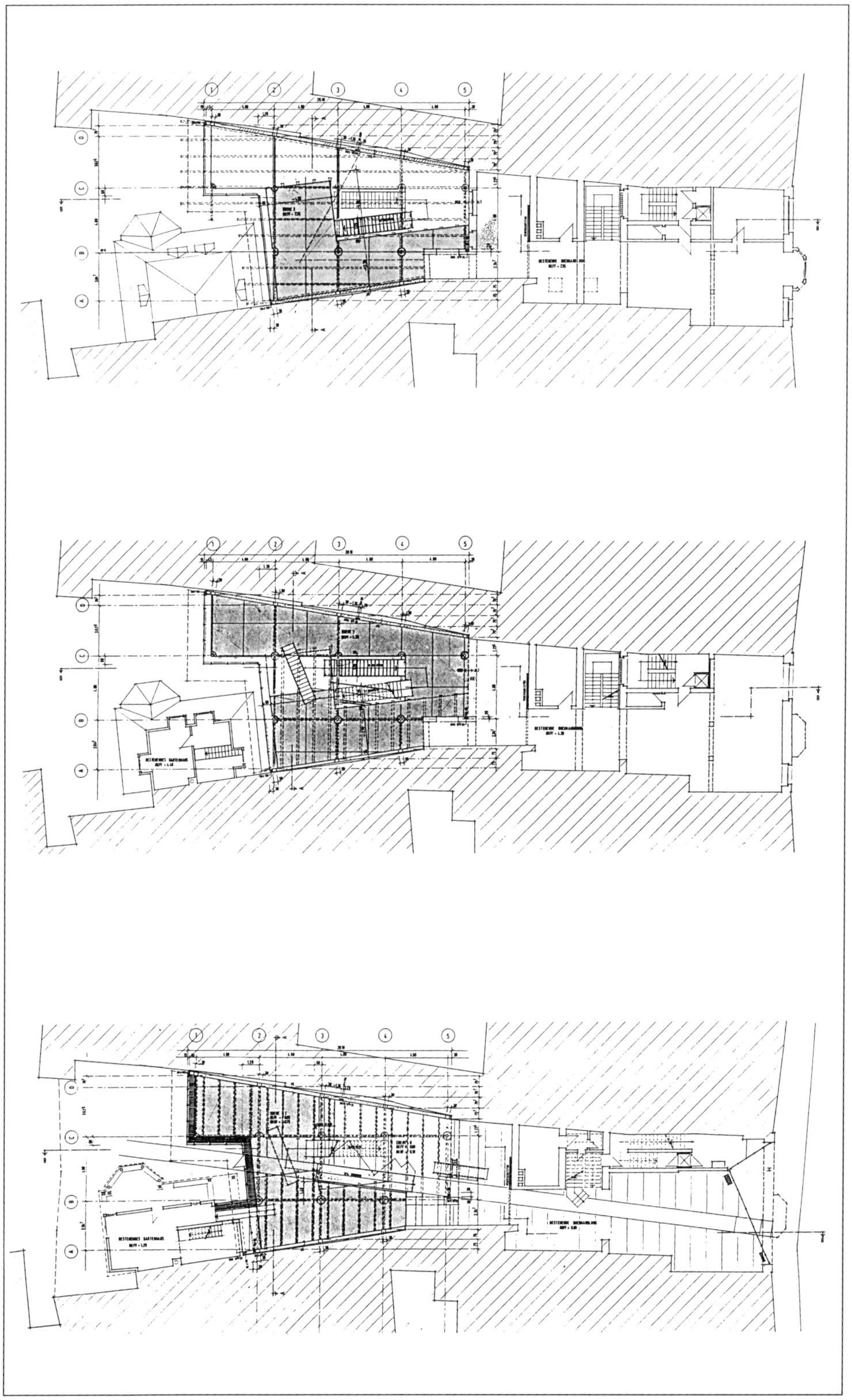

5, 6, 7

Trotz der räumlichen Enge im Zentrum der historischen Altstadt von Konstanz wird ein Buchladen in den vorhandenen kleinen Hinterhof hinein erweitert. Kein Bauwerk im üblichen Sinn ist entstanden, sondern ein offenes, über mehrere Ebenen begehbares und erlebbares Haus, das sich zwischen den alten Mauern leicht und spielerisch einfügt. Dach und Wände sind aus Glas. Im Gefüge der vorgegebenen Ordnung entsteht eine wohltuende Spannung durch den Gegensatz von Alt und Neu, eine lebendige Oase auch durch das Zusammenwirken mit der Denkmalpflege. Erwähnt werden sollen auch die gewählten Baumethoden: ohne wesentliche Störung der Nachbarschaft wurde das Haus in kürzester Zeit montiert.

Bedenken gegen die zusätzliche Überbauung eines Hinterhofs konnten ausgeräumt werden.

Eine Erdgasheizung versorgt das Gebäude mit Wärme.

Kasse

1

Deutsches Postmuseum, Frankfurt am Main

Behnisch & Partner, Stuttgart
Projektgruppe: Peter Schürmann (Projektarchitekt, Projektleiter bis Juli 1989), Felix Heßmert (Projektarchitekt bis Oktober 1989), Gotthard Geiselmann (bis August 1989), Christian Kandzia (Projektleiter von Sommer 1989 bis September 1990), Martina Deiß-Eilers, Jochen Hauff, Margit Schosser-Ellensohn;
Bauleitung: Rudolf Lettner, Martin Hühn, Uwe Sachs, Sigrid Schäfer

Tragwerksplanung: Schlaich, Bergermann + Partner, Stuttgart
Außenanlagen mit: Hans Luz und Partner, Stuttgart
Bauherr: Bundesministerium für Post- und Telekommunikation, Ministerialrat Professor Johannes Möhrle, vertreten durch Oberpostdirektion Frankfurt am Main
Postdirektor a. D. Dipl.-Ing. Bert Wichmann
Dipl.-Ing. Architekt Max Werner Kahl, Referat 143 D 1

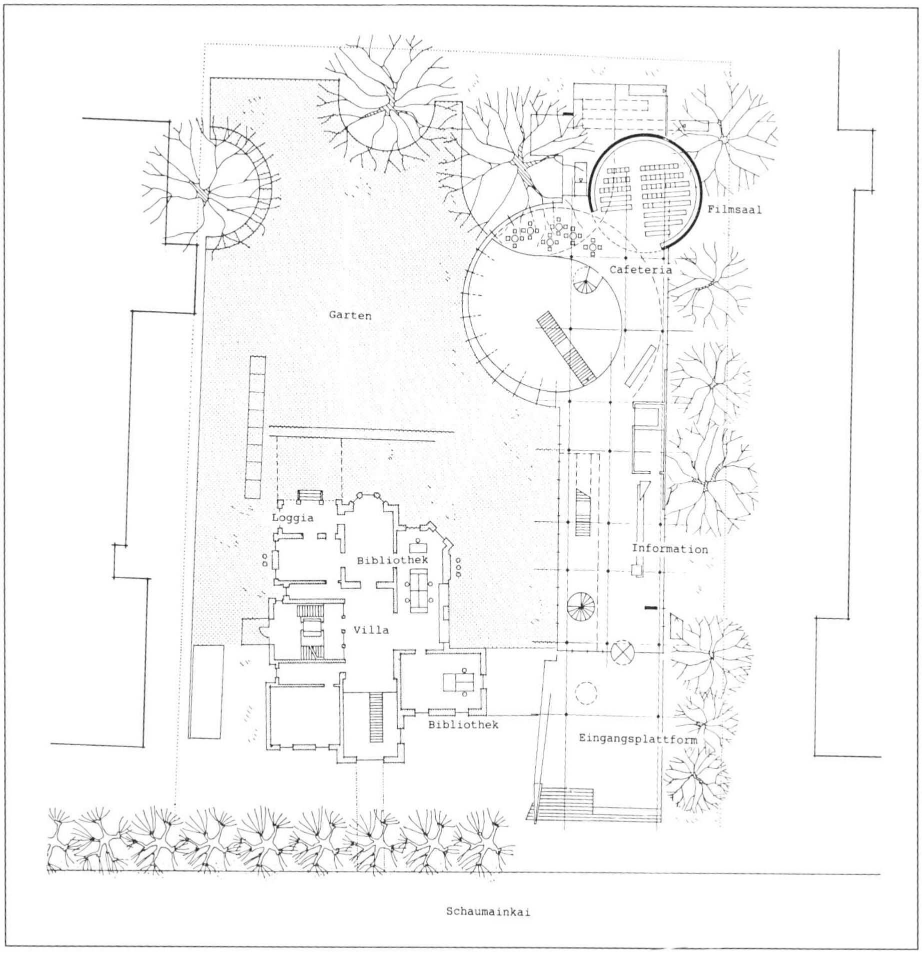

2

1
Ansicht vom Main

2
Grundriß Erdgeschoß

Das Gebäude besticht durch seine städtebauliche Einfügung in den vorhandenen Villencharakter des Schaumainkais: Eine unverhältnismäßig große Baumasse wird auf zwei Ebenen unter Terrain verteilt und mit dem Altbau funktional geschickt verbunden. Durch diese tragende architektonische Idee wird für den Museumsbesucher nicht nur ein willkommener Überraschungseffekt erreicht, sondern auch die ökologische Qualität verbessert, indem der vorhandene Freiraum erhalten bleibt. Das Baugrundstück wird nur mit einem leichten, weitgehend transparenten Baukörper belastet, der sich in drei Geschossen über die ganze Grundstückstiefe erstreckt und auf den vorhandenen hochstämmigen Bewuchs Rücksicht nimmt.

Treffpunkt und zentraler Verteiler ist die große Treppenhalle, die das Eingangsbauwerk mit dem ersten Untergeschoß räumlich verbindet und durch eine schräge, feingliedrige Stahl-Glas-Konstruktion als Wetterhaut zu einem dynamischen Raumkörper verspannt.

3
Grundriß Untergeschoß
1 Dauerausstellung, 2 Tiefhof,
3 Magazin, 4 Gruppenraum

4
Grundriß 1. Obergeschoß
1 Briefmarkenkabinett, 2 Dauerausstellung, 3 Ausstellungsterrasse, 4 Luftraum, 5 Museumsleiter, 6 Sekretariat

5
Grundriß 2. Obergeschoß
1 Sonderausstellung, 2 Terrasse,
3 Aufgang zur Funkstation,
4 Luftraum, 5 Büro, 6 Restaurant,
7 Fotolabor, 8 Fotostudio

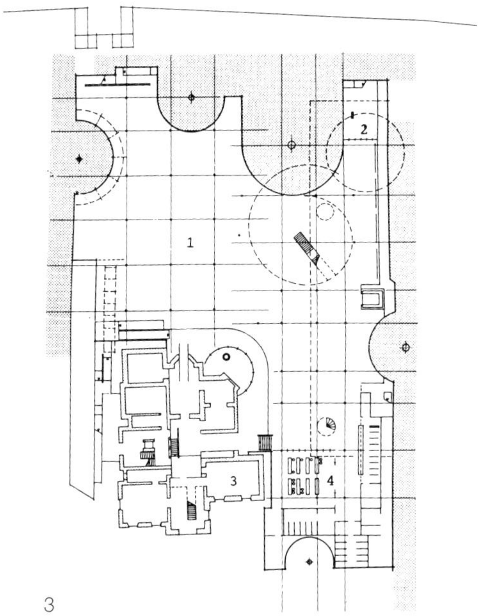

3

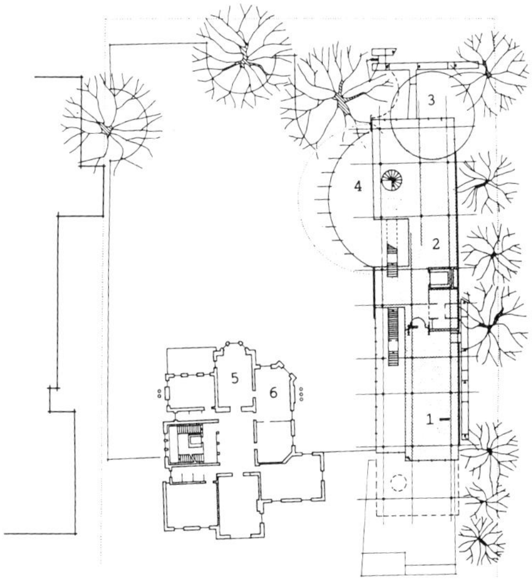

4

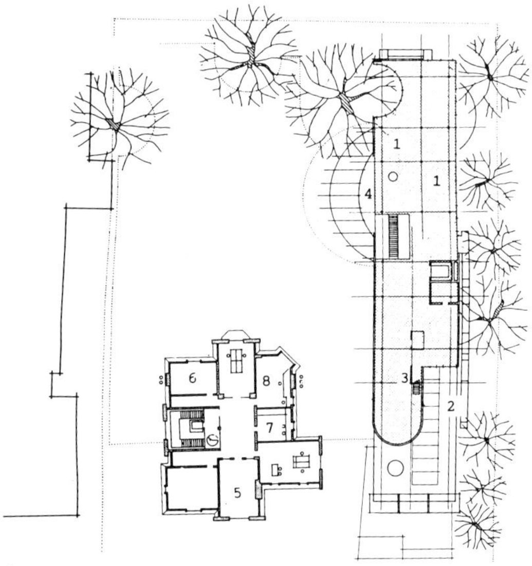

5

Der vorhandene Altbau steht in Kontrast zu der technischen Architektursprache des Naubaukörpers; er wird im Eingangs- und Fassadenbereich gestalterisch in so meisterhafter Weise überformt, daß seine Überleitung in das Heute auch nach außen deutlich wird. Durch mutige Materialverwendung und liebevolle Detailgestaltung werden Wege in die Zukunft geöffnet.

Das Gebäude wird mit Erdgas beheizt.

Niederschrift über die Sitzung der Jury

Die Jury für den Deutschen Architekturpreis 1991 trat am 25. und 26. Juli 1991 im Städtischen Saalbau in Essen zusammen. Herr Assessor Friedrich Späth, Mitglied des Vorstands der Ruhrgas Aktiengesellschaft, begrüßte im Namen des Auslobers die Anwesenden. Er wies auf die nunmehr zum elften Mal anstehende Entscheidungsfindung dieses für die Entwicklung der deutschen Architektur wichtigen Architekturpreises hin und bat die Jury, sich der damit verbundenen Verantwortung bewußt zu sein.

Herr Professor Dr.-Ing. Jürgen Joedicke, der der Jury seit der Stiftung des Preises im Jahr 1971 angehört, erläuterte im einzelnen die Intentionen dieses Architekturpreises und stellte die bisher prämierten Arbeiten vor. Er gab seiner besonderen Freude Ausdruck, daß der Jury diesmal auch ein Vertreter der neuen Bundesländer angehört und begrüßte neben den anderen neuen Mitgliedern der Jury Herrn Professor Dr.-Ing. Helmut Trauzettel aus Dresden besonders herzlich.

Der Präsident der Bundesarchitektenkammer, Herr Professor Dipl.-Ing. Gerhart Laage, dankte dem Auslober im Namen der Architektenschaft für die nun seit über zwanzig Jahren aufrechterhaltene Stiftung des Preises und die damit bewiesene großzügige Förderung der Architekturentwicklung. Er wies noch einmal auf das Ziel der Auslobung hin, wonach jeweils im Zeitraum der letzten drei Jahre gebaute Beispiele, die vorbildlich in ihrer Architekturqualität sind, prämiert werden. Dabei werden auch deren Beiträge zur Lösung von Umweltschutzproblemen und zur sparsamen Energieverwendung gewürdigt.

Herr Späth schlug Herrn Professor Harald Deilmann als Vorsitzenden der Jury vor, was einstimmig angenommen wurde. Herr Professor Deilmann nahm das Amt an und dankte für das ihm erneut erwiesene Vertrauen. Er stellte zunächst die Anwesenheit folgender Personen fest:

Jurymitglieder:
Professor Dipl.-Ing. M. Arch. Hans Busso von Busse, Architekt BDA, München
Dr. sc. techn. Santiago Calatrava, Dipl. Architekt, Dipl.-Bauing. ETHZ, BSA, SIA, Zürich
Professor Dipl.-Ing. Harald Deilmann, Architekt BDA, Münster
Professor Dipl.-Ing. Fritz Eller, Architekt BDA, Aachen
Professor Dipl.-Ing. Drs. h. c. Jürgen Joedicke, Architekt BDA, Stuttgart
Professor Dipl.-Ing. Gerhart Laage, Architekt BDA, Hamburg, Präsident der Bundesarchitektenkammer
Ministerialdirektor Dipl.-Ing. Günter Schäffel, Leiter der Abteilung Bauwesen im Bundesministerium für Raumordnung, Bauwesen und Städtebau, Bonn
Professor Dr.-Ing. Helmut Trauzettel, Architekt, Dresden
Ass. Friedrich Späth, Mitglied des Vorstands der Ruhrgas AG, Essen
Dipl.-Ing. Heinz Windfeder, Direktor Ruhrgas AG, Essen

Vorprüfer:
Dipl.-Ing. Susanne Johner-Helppi, Stuttgart
Dipl.-Ing. Rudi Schupp, Ruhrgas AG, Essen

Protokollführung:
Gudrun Zimmerle und Sabine Kohn, Karl Krämer Verlag Stuttgart

Gäste:
Professor Dr.-Ing. Joachim Arlt, Geschäftsführer der Bundesarchitektenkammer, Bonn
Karl H. Krämer, Verleger, Stuttgart, verantwortlich für die Organisation

Herr Professor Deilmann bat sodann die Vorprüferin, Frau Dipl.-Ing. Johner-Helppi, um den Bericht über die Ergebnisse der Vorprüfung. Frau Johner-Helppi übergab den Preisrichtern das Vorprüfungsprotokoll und wies darauf hin, daß der Deutsche Architekturpreis 1991 erstmals für ganz Deutschland ausgelobt worden war und daß sich insgesamt 30 Architekten aus den neuen Bundesländern zur Teilnahme angemeldet hatten. Sie teilte mit, daß von den 269 eingereichten Arbeiten einige Arbeiten von der Beurteilung ausgeschlossen werden müßten:
Die Arbeiten 016, 022, 044, 192, 258, 259, 265 und 268 wurden zurückgezogen. Die Arbeiten 103 und 194 stellen kein realisiertes Projekt, sondern nur einen Entwurf dar. Die Arbeiten 018 und 106 sind noch nicht fertiggestellt. Die Arbeiten 049, 072 und 129 wurden nicht innerhalb des erforderlichen Zeitraums fertiggestellt.

Die Jury beschloß einstimmig das Ausscheiden dieser Arbeiten. Es verbleiben damit 254 Arbeiten für die Beurteilung.

Die Vorprüferin führte das Preisgericht zu einem ersten Informationsrundgang zu den im Saal aufgestellten Plänen und Fotos der eingereichten Arbeiten.

Nach einer kurzen Mittagspause nahm das Preisgericht anstelle der sonst üblichen Ausscheidungsrundgänge mehrere Auswahlrundgänge vor und stellte dabei die in die engere Wahl eingehenden Arbeiten fest. Es handelt sich dabei um die Arbeiten mit den Ordnungsziffern:

009, 037, 052, 076, 077, 097, 125, 130, 131, 137, 139, 152, 155, 158, 159, 164, 167, 195, 196, 220, 228, 262.

Nach intensiver Diskussion, bei der in einem gemeinsamen Rundgang noch einmal sämtliche eingereichte Arbeiten betrachtet wurden, stellte die Jury folgende engste Wahl fest:

052, 077, 097, 125, 130, 137, 139, 158, 167, 196, 220, 262.

Mit dieser Feststellung beendete das Preisgericht den ersten Sitzungstag.

Am Morgen des 26. Juli 1991 wurden die Pläne und Fotos zu den in der engsten Wahl verbliebenen Arbeiten zur besseren Betrachtung und Würdigung zusammengehängt. Nach eingehender, zum Teil leidenschaftlich geführter Diskussion der unterschiedlichen Qualitäten dieser Bauwerke kam die Jury schließlich einstimmig zu folgenden Entscheidungen:

Der **Deutsche Architekturpreis 1991** wird der Arbeit mit der Ordnungsziffer 158 zugesprochen:[1]

158
Postamt Köln 3, Stolkgasse 4, 5000 Köln 1

Architekten:
Professor Dipl.-Ing. Joachim Schürmann und Dipl.-Ing. Margot Schürmann
Lintgasse 9, 5000 Köln 1

Mitarbeiter:
Wolf Dittmann (Koordination), Christian Becker und Wilfried Euskirchen (Projektbearbeitung), Heinz Bühr, Ulla Dams, Günther Frings, Herbert Holler, Johannes Kister, Siegfried Kolbe, Margaretha Lange, Michael van Ooyen, Marcin Orawiec, Michael Peterek, Ruth Raasch, Klaus Schmitz-Gielsdorf, Gudrun Schmitz-Jacobi, Franz Stadler, Till Stelling, Herbert Süselbeck, Stefan Tacke, Georg Wenzel

Bauherr:
Deutsche Bundespost, Oberpostdirektion Köln
Clever Straße 32, 5000 Köln 1

Der Preis ist mit DM 30000,– dotiert.

1
Die Begründungen der Jury für die prämierten Arbeiten sind jeweils bei der ausführlichen Dokumentation dieser Arbeiten im Hauptteil dieses Buches abgedruckt.

Eine **Auszeichnung** wurde vergeben für die Objekte

097
Vorhallen Hauptbahnhof Köln

Architekten:
Busmann + Haberer, Dipl.-Ing. Peter Busmann, Dr.-Ing. Godfrid Haberer, Architekten BDA
im Bauturm Köln, Aachener Straße 2 A, 5000 Köln 1

Mitarbeiter:
Dipl.-Ing. Bernhard Mörsch, Dipl.-Ing. Hans-Jürgen Faust, Susanne Reichstein

Ingenieure:
Ingenieurbüro für Bauwesen Professor Polonyi & Fink GmbH
Köln-Berlin

Mitarbeiter:
Dr.-Ing. Heinrich Stein, Dr.-Ing. Ralf Wörzberger

Bauherr:
Deutsche Bundesbahn, Bezirksdirektion Köln, Abteilung B4
Dipl.-Ing. Gerhards
Konrad-Adenauer-Ufer, 5000 Köln 1

Die Dotierung beträgt DM 10000,–

220
Bayerische Demonstrativmaßnahme Puchheim, Sprengerring 20–40, Puchheim bei München

Architekt:
Professor Manfred Kovatsch
Adalbertstraße 90, 8000 München 40

Mitarbeiter:
Architekt Dieter Keller (Ausschreibung und Bauleitung), Architekt Andreas Meck, Innenarchitekt M. von Kielin

Bauherr:
GBW AG München
Clemensstraße 48, 8000 München 40

Die Dotierung beträgt DM 10000,–

262
Orthopädisches Kinderkrankenhaus Heimdall, Georg-Leißner-Straße 1–4, Bad Elster

Architektin:
Dipl.-Ing. Barbara Halmagyi
Gustav-Freytag-Straße 7, O-8021 Dresden

Bauherr:
Diakonisches Amt
Rolf-Helm-Straße 1, O-8122 Radebach

Die Dotierung beträgt DM 10000,–

Eine **Anerkennung** wurde für folgende Arbeiten ausgesprochen:

052
Mehrzweckhalle Schorndorf-Oberberken (Schurwaldhalle), Wangener Straße, Schorndorf-Oberberken

Architekt:
Günther K. Wolz
Beyer-Weitbrecht-Wolz
Schwabstraße 139, 7000 Stuttgart 1

Mitarbeiter:
Robert Fetzer, Mehrafarin Ruzbehi, Franz Lang

Bauherr:
Stadt Schorndorf, vertreten durch BM Dr. Kautt
Archivstraße 4, 7060 Schorndorf

077
Wohnhaus, Henzenbuch 73, Laichingen

Architekt:
Professor Rainer Hascher
Fasanenstraße 61, 1000 Berlin 15

Bauherr:
Peter Woernle
Heinrich-Kahn-Straße 24, 7903 Laichingen

125
Parkhaus Flughafen Fuhlsbüttel

Architekt:
von Gerkan, Marg + Partner, Architekten BDA + Ingenieure
Elbchaussee 139, 2000 Hamburg 50

Entwurf: Professor Meinhard von Gerkan
Projektleitung: Dipl.-Ing. Karsten Brauer
Mitarbeiter: Dipl.-Ing. Klaus Hoyer,
Dipl.-Ing. Uwe Pörksen

Bauherr:
Flughafen Hamburg GmbH
Paul-Bäumer-Platz 1–3, 2000 Hamburg 63

130
Vitra Design Museum, Weil am Rhein

Architekten:
Entwurf:
Frank O. Gehry & Ass., Inc.
1520 B Coverfield Boulevard, Santa Monica, California, USA

Planung und Objektüberwachung:
Architekten GPF & Assoziierte, Günter Pfeifer, Roland Mayer
Industriestraße 2, 7850 Lörrach

Mitarbeiter (Büro Gehry & Ass.):
Bob Hale (Projektmanager), C. Gregory Walsh (Projektentwurf), Berthold H. Penkhues (Projektarchitekt), C. J. Bonura, Edwin Chan

Mitarbeiter (Büro GPF & Ass.):
Susanne Schlönvogt, Sabine Holzmann, Kristina Trcovic, Bernhard Flüge, Jacek Dominiak, Rafael Novoa

Bauherr:
Vitra Verwaltungs-GmbH
Postfach 1940, 7858 Weil am Rhein

137
Produktionsgeschoßbau, Straße des Friedens 8–12, O-Radeberg

Architekt:
Friedrich Krohner, Dipl.-Architekt
Am Melm 1 c, 8633 Rödental

Bauherr:
Gießerei und Glasformenbau GmbH
Radeberg/Sachsen
Straße des Friedens 8–12, O-8142 Radeberg

139
Stadtbibliothek Tabakscheunen, Wasserstraße 14–18, Viernheim

Architekten:
Dipl.-Ing. Andreas Sedler (Projektarchitekt, Entwurf) in Architekturbüro Rittmannsperger, Kleebank & Partner GmbH
Ludwigshöhstraße 9, 6100 Darmstadt

Mitarbeiter:
Gottfried Grumann-Giebel, Gerhard Klingenburg (Bauleitung), Anke Mensing (Künstlerische Beratung, Möbeldesign)

Bauherr:
Magistrat der Stadt Viernheim, Amt für Stadtentwicklung und Umweltplanung,
Dr. Harald Kissel
Stadtbauamt, Postfach 1380, 6806 Viernheim

167
Buchhandlung Gess, Kanzleistraße 5, Konstanz

Architekt:
Herbert Schaudt, Freier Architekt BDA, DWB
Seestraße 1, 7750 Konstanz

Mitarbeiter:
Martin Cleffmann (Projektleiter), Torsten Gabele, Martin Münzenmaier

Bauherr:
Eberhard Gess
Kanzleistraße 5, 7750 Konstanz

196
Deutsches Postmuseum, Schaumainkai 54, Frankfurt am Main

Architekten:
Behnisch & Partner
Gorch-Fock-Straße 30, 7000 Stuttgart 75

Projektgruppe:
Peter Schürmann (Projektarchitekt, Projektleiter bis Oktober 1989), Gotthard Geiselmann (bis August 1989), Christian Kandzia (Projektleiter von Sommer 1989 bis September 1990), Martina Deiss-Eilers, Jochen Hauff, Margit Schosser-Ellensohn; Bauleitung: Rudolf Lettner, Martin Hühn, Uwe Sachs, Sigrid Schäfer

Tragwerksplanung: Schlaich, Bergermann + Partner, 7000 Stuttgart 1

Außenanlagen mit: Hans Luz und Partner, 7000 Stuttgart 70

Bauherr:
Bundesministerium für Post- und Telekommunikation
Ministerialrat Professor Johannes Möhrle, vertreten durch Oberpostdirektion Frankfurt
Postdirektor a.D. Dipl.-Ing. Bert Wichmann
Dipl.-Ing. Architekt Max Werner Kahl,
Referat 143 D 1
Postfach 100000, 6000 Frankfurt am Main 1

Neben der Verleihung des Deutschen Architekturpreises, der Auszeichnungen und Anerkennungen beschloß die Jury einstimmig die **Würdigung** der Arbeit 076, um eine besonders innovative Wärmeerzeugung für die Beheizung einer Wohnsiedlung herauszustellen.

076
VEBA-Wärme-Insel, Dortmund-Bövinghausen

Planer: Dipl.-Ing. Uwe Pegels
Thyssen bauen + wohnen, Essener Straße 66, 4200 Oberhausen 1

Der Vorsitzende der Jury sprach abschließend den Dank für die Vorbereitung der Entscheidungsfindung an alle daran Beteiligten aus. Den Vorprüfern, Frau Dipl.-Ing. Susanne Johner-Helppi und Herrn Dipl.-Ing. Rudi Schupp, dankte er nochmals für die sorgfältige Vorbereitung und dem Karl Krämer Verlag für die organisatorische Durchführung des Deutschen Architekturpreises. Er gab mit dem ausdrücklichen Dank der Preisrichter sein Amt an den Auslober zurück. Herr Professor Laage bedankte sich im Namen der Bundesarchitektenkammer für die geleistete Arbeit und für das erneute Zustandekommen dieser Auslobung durch das Engagement der Ruhrgas AG. Herr Dipl.-Ing. Windfeder schloß die Sitzung im Namen des Auslobers und gab seine Zufriedenheit zum Ausdruck über die Arbeit der Jury und das gefundene Ergebnis.

Mit einer Einladung zur Architekturpreisverleihung am 30. September 1991 auf der Wartburg bei Eisenach wurde die Sitzung am 26. Juli 1991 um 14.30 Uhr geschlossen.

Verfasserliste[1]

001
Multifunktionsfähiges Gewerbegebäude, Garching
Planungsbüro Köhler
Carl-Zeiss-Straße 5, 8046 Garching
Entwurf und Planung: Bauamt Technische Universität München

002
Geschäftshaus, Gunzenhausen
Dipl.-Ing. Hartwig Werner, Architekt
Bühringerstraße 20/22, 8820 Gunzenhausen

003
Rathaus, Ihringen
Dipl.-Ing. Georg Mittl, Architekt
Neutorplatz 11, 7814 Breisach

004
Modernisierung von Wohn- und Geschäftshäusern, Hamburg
Felixmüller und Kläschen, Architekten BDA
Jüthornstraße 33, 2000 Hamburg 70

005
Erweiterung und Sanierung des Rathauses, Landau
Stadtbauamt Landau in der Pfalz
Dipl.-Ing. Michael Heder, Architekt
Königstraße 21, 6740 Landau in der Pfalz

006
Wohnhäuser und Kindertagesstätte, Hannover
Architekturbüro K. H. Muth
Sackmannstraße 1, 3000 Hannover 91
Lindener Baukontor
Nedderfeldstraße 20, 3000 Hannover 91
Einreicher: Landeshauptstadt Hannover

007
Sanierung des innerstädtischen Kerngebietes, O-Frankfurt
Dipl.-Ing. Günter Hartzsch
Dr.-Ing. Manfred Vogler
Dipl.-Ing. Andreas Weiler
Große Scharrnstraße 23 A, 0-1200 Frankfurt/Oder

008
Wohnhaus, München
Heinrich N. Ponn, Architekt
Rosentalstraße 5, 8000 München 2

009
Berufsbildungsstelle des Fernmeldeamtes, Freiburg
Oberpostdirektion Freiburg
Ref. 251/252 A, Dipl.-Ing. H. Nagel
Berliner Allee 1, 7800 Freiburg

010
Postamt, Rottweil
Oberpostdirektion Freiburg
Ref. 251/252 A
Dipl.-Ing. Theo Kästle
Berliner Allee 1, 7800 Freiburg

011
Friedhofskapelle, Stuhr
Architekturbüro Haslob, Hartlich, Schütz
Rembertistraße 32, 2800 Bremen 1

012
Zentrallager der Papier-Union, Hemer
Dipl.-Ing. Ernst Dossmann, Architekt
Dipl.-Ing. Walter Henckel, Architekt
Dipl.-Ing. Bernd Gerke, Architekt
Westfalenstraße 5–7, 5860 Iserlohn

013
Altenheim, Lühlerheim
Architekturbüro Klaus Wildner + Ulrich Falke
Hellweg 10, 4282 Velen

014
Verwaltung Maschinenfabrik Fooke, Borken
Architekturbüro Klaus Wildner + Ulrich Falke
Hellweg 10, 4282 Velen

015
Nissan Niederlassung, Neumünster
Doktor Andràs Zsiray, Freier Architekt
Mürwiker Straße 119 A, 2390 Flensburg

016
Jacob-Heule-Haus, Lünen
Architekturbüro Professor Gerber & Partner
Tönnishof, 4600 Dortmund-Kley

017
Werkstatt für Behinderte, Köln
Hochbauamt der Stadt Köln
Dipl.-Ing. Wolfgang Pluimers
Dipl.-Ing. Wolfgang Berkenbusch
Dipl.-Ing. Walter Messler
Gürzenichstraße 6–16, 5000 Köln 1

1
Verzeichnis der Verfasser und Objekte nach dem Wettbewerbsprotokoll

018
Arztpraxis, Leubnitz
Ingenieurbüro Reinhold Patzak
Kolonie 20 A, O-9627 Leubnitz

019
Bulgarische Botschaft, O-Berlin
Dipl.-Ing. Joachim Härter, Architekt
Neumannstraße 125, O-1100 Berlin

020
Wohn- und Geschäftshaus, O-Berlin
Dipl.-Ing. Joachim Härter, Architekt
Neumannstraße 125, O-1100 Berlin

021
Bibliothekszentrum Klosterbau und Stadtarchiv, Friedberg
Architekturbüro Rittmannsperger, Kleebank + Partner
Ludwigshöhstraße 9, 6100 Darmstadt

022
Wohn- und Geschäftshaus mit zwei Arztpraxen, Neuss
Dipl.-Ing. Wolfgang Marmulla,
Hein-Minkenberg-Straße 18, 4040 Neuss 1

023
Regenwasserbehandlungsanlage, Sonsbeck
Ingenieurbüro Karl J. Dohmen
Scheifeshütte 15, 4152 Kempen 1

024
Erweiterung Gesamtschule, Solingen
Hochbauamt der Stadt Solingen
Dipl.-Ing. H. Kenkmann
Frankenstraße 31 B, 5650 Solingen 1

025
Kreisverkehrsamt, Gunzenhausen
Dipl.-Ing. Hartwig Werner, Architekt
Bühringerstraße 20/22, 8820 Gunzenhausen

026
Wohn- und Geschäftshaus, Remagen
Architekturbüro Reinhold Esch
Grüner Weg 2, 5480 Remagen

027
Busbahnhof, Biberach
Dipl.-Ing. Michael Muffler, Freier Architekt
Hauptstraße 5, 7790 Meßkirch

028
›Sterntorhaus‹, Bonn
Thomas von den Valentyn, Architekt
Armin Tillmann, Architekt
Aachener Straße 21 A, 5000 Köln 1

029
Einfamilienhaus mit Wintergarten, Albstadt-Lautlingen
Dipl.-Ing. Harald Merz
Karl-Heinz Merz, Freier Architekt
Am Markt 28, 7470 Albstadt 2-Tailfingen

030
Sonnenhaus, O-Hopfgarten/Weimar
Hochschule für Architektur und Bauwesen Weimar
Dr.-Ing. habil. Gerhard Lindner
Dr. sc. nat. Jochen Gronau
Geschwister-Scholl-Straße 8, O-5300 Weimar

031
Wohnprojekt ›Leporello‹, Oldenburg
Dipl.-Ing. Karsten Geyer, Architekt
Alfred-Kubin-Straße 14, 2900 Oldenburg

032
Dekonstruktion eines Hauses von 1954, Köln
Architekturbüro Gruhl & Partner
Dipl.-Ing. Hartmut Gruhl
Dipl.-Ing. Rolf Weidemann
Sabine Hirsch
Brüsseler Straße 38, 5000 Köln 1

033
Hotel Schaper-Siedenburg, Bremen
Dipl.-Ing. Sergiu Singer
Metzerstraße 6, 2800 Bremen 1

034
Sauna-Dorf, Hamburg-Niendorf
Dipl.-Ing. H. Rintz, Architekt
Dipl.-Ing. C.-H. Klünder, Architekt
Dipl.-Ing. H. Baas, Architekt
Stockflethweg 5, 2000 Hamburg 62

035
Zweifamilienhaus, München
Dipl.-Ing. Karl Bachmair, Architekt
Bajuwarenstraße 139, 8000 München 82

036
Altes Rathaus, Wiederaufbau ›Hoher Turm‹, O-Chemnitz
Chemnitzprojekt GmbH
Architektur- und Ingenieurbüro
Christoph Dietz
Winfried Fritzsche
Zwickauer Straße 271, O-9031 Chemnitz

037
Grundschulpavillon, Stuttgart-Stammheim
Architekturbüro Plus
Dipl.-Ing. Professor Peter Hübner, Freier Architekt
Goethehalde, 7449 Neckartenzlingen

038
Wohnhaus-Anbau, Frankfurt
Architekturbüro ARS
Lothar Augustin, Architekt
Brückenstraße 86, 6000 Frankfurt/M. 70

039
›Siebenhof‹, Herzogenrath
Planungsgruppe Alte Windkunst
Dipl.-Ing. Bodo Frömgen
Dipl.-Ing. Bettina Herlitzins
Dipl.-Ing. Birgit Siebenmorgen
Dipl.-Ing. Hans Siebenmorgen
Hans-Heyden-Straße 201, 5120 Herzogenrath 3

040
Audi Zentrum, Frankfurt
Wolfgang G. Müller, Freier Architekt
Geleitstraße 10, 6000 Frankfurt/M. 70

041
Sportwagen-Zentrum, Frankfurt
Wolfgang G. Müller, Freier Architekt
Geleitstraße 10, 6000 Frankfurt/M. 70

042
Rauchgasentschwefelungsanlage, Stuttgart-Münster
Architekturbüro Klein, Breucha
Wolfgang Schäffer
Falkertstraße 58, 7000 Stuttgart 1

043
Studio des Süddeutschen Rundfunks, Mannheim
Dipl.-Ing. Professor Ingeborg Kuhler, Architektin
Joachim-Friedrich-Straße 3, 1000 Berlin 31

044
Umbau und Modernisierung eines Mehrfamilienhauses, Ludwigshafen
Architekturbüro Morlock
Hohenzollernstraße 21 B, 6700 Ludwigshafen

045
Landesmuseum für Technik und Arbeit, Mannheim
Dipl.-Ing. Professor Ingeborg Kuhler, Architektin
Joachim-Friedrich-Straße 3, 1000 Berlin 31

046
Sportgebäude im Feriendorf Hinsbeck
Dipl.-Ing. Hans Brünsing, Architekt
Dipl.-Ing. Frank Brünsing, Architekt
Forstwaldstraße 114, 4150 Krefeld

047
Einfamilienhaus, Uslar
Dipl.-Ing. Margot Kunz
Fürstenbergerstraße 87, 3450 Holzminden

048
Rietzentrum Hotel am Franziskaner, Villingen-Schwenningen
Elmar Fuhrer, Architekt
Färberstraße 65, 7730 Villingen-Schwenningen

049
Deutsche Bundespost Fernmeldezentrum, Bochum
Architekturbüro Delius
Steinstraße 23, 5900 Siegen
Architekturbüro Friesleben
Rilkestraße 17, 4000 Düsseldorf 30
Architekturbüro HPP
Heinrich-Heine-Allee 37, 4000 Düsseldorf 1

050
Wiederaufbau von Schloß Gottesaue, Karlsruhe
Staatliches Hochbauamt Karlsruhe I
Leitender Baudirektor: Roland Schmitt
Ritterstraße 16, 7500 Karlsruhe 1

051
Neubau Dialysezentrum Brücke, Freiburg
Universitätsbauamt Freiburg
Edgar Göwert
Hugstetter Straße 53, 7800 Freiburg

052
Mehrzweckhalle ›Schurwaldhalle‹, Schorndorf-Oberberken
Architekturbüro Beyer, Weitbrecht, Wolz
Günther K. Wolz
Schwabstraße 139, 7000 Stuttgart 1

053
Produktionshalle und Wohnhaus, Riederich
Architekturbüro Lins + Koch
Hermann-Hesse-Straße 10, 7257 Ditzingen

054
Post- und Fernmeldeamt, Rosenheim
Oberpostdirektion München
Friedrich Bauer
Heinz-Ludwig Sopper
Wolfgang Weinberg
Heinrich Winkler
Arnulfstraße 60, 8000 München 2

055
›Nordwestzentrum‹, Frankfurt
Architekturbüro RKW & Partner
Rhode, Kellermann, Wawrowsky
Hallbergstraße 28, 4000 Düsseldorf 1

056
Verwaltungsgebäude, Idstein
Dipl.-Ing. Axel F. Sowaidnig, Architekt
Dipl.-Ing. Christoph Lisewski, Architekt
Gehspitz 9, 6236 Eschborn

057
Scarabaeus-Pharmaunternehmen, Monheim
Dipl.-Ing. Horst Schmitges, Architekt
Wallstraße 9, 4050 Mönchengladbach 1

058
Jugendübernachtungshaus, Veitsweiler-Weiltingen
Architekturbüro Kammerer + Storzner
Ickstattstraße 11 A, 8000 München 5

059
Wohnhaus mit Doppelgarage, Oldenburg
Reinhard Fritsch, Architekt
Hartenscher Damm 87, 2900 Oldenburg

060
Errichtung bzw. Um- und Ausbau von Büro- und Werkhallen mit LKW und PKW-Garagen, Augsburg
Heinz Knecht, Architekt
Hallstraße 11, 8900 Augsburg 1

061
Dienstgebäude für das Finanzbauamt Passau
Finanzbauamt Passau
Baurat Kinateder
Karlsbader Straße 15, 8390 Passau

062
Sanierung eines Anwesens mit Dachausbau und Hofbegrünung, München-Haidhausen
Dipl.-Ing. Peter Völkner, Architekt
Breisacher Straße 17, 8000 München 80

063
Faservliesstofftechnikum Carl Freudenberg & Co., Weinheim
Heene Industrieplanungen
Dipl.-Ing. M. Becker
Berthold-Schwarz-Straße 26, 6700 Ludwigshafen

064
Forschungs- und Entwicklungszentrum der Shell Forschung GmbH, Schwabenheim
Heene Industrieplanungen
Dipl.-Ing. C. Ferger
Berthold-Schwarz-Straße 26, 6700 Ludwigshafen

065
Stadthaus, Aachen
Dipl.-Ing. Christoph Schulten, Architekt
Försterstraße 11, 5100 Aachen

066
Friedhofskapelle, Heppenheim
Stadtbauamt Heppenheim
Dipl.-Ing. Robert Köhler
Dipl.-Ing. A. Höppener-Fidus
Großer Markt 1, 6148 Heppenheim

067
Mutter-Kind-Kurheim, Wittdün/Amrum
Dipl.-Ing. Bodo Laubenstein, Architekt
Heiko Schwerdt, Architekt
Am Sportplatz 17, 2252 St. Peter-Ording

068
Einfamilienhaus mit Einliegerwohnung, ›Haus Torka‹,
Kreuznau-Bogheim
Peter Paul Potschernik, Architekt
Panoramaweg 21, 5168 Nideggen-Rath

069
Ortsvermittlung, Frankfurt-Niederrad
Dipl.-Ing. Peter Westrup
Dipl.-Ing. Rainer v. Lamatsch-Kaempfe
Nesenstraße 11, 6000 Frankfurt am Main 1

070
Oberstadt-Aufzug mit Büroräumen,
Marburg/Lahn
Dipl.-Ing. H. Uwe Schultze, Architekt
Dipl.-Ing. Wolfgang Schulze, Architekt
Sandershäuserstraße 34, 3500 Kassel

071
Kulturhalle, Remchingen
Dipl.-Ing. Professor Helmut Striffler, Architekt
Steubenstraße 20, 6800 Mannheim 1

072
Wohnhaus, Günzburg
Dipl.-Ing. Martin Weiss, Architekt
Bachtalstraße 8, 8870 Günzburg

073
Personalwohnhaus der Kliniken Schmieder,
Allensbach
Hartmut Hügel, Freier Architekt
Höriweg 5, 7753 Allensbach

074
Tank- und Rastanlage ›Ellwanger Berge‹,
Ulm-Würzburg
Arbeitsgemeinschaft Arat, Haisch, Volz +
Christophers
Schneckenbergstraße 23, 7000 Stuttgart 30 +
Sonnenbergstraße 51 C, 7000 Stuttgart 1

075
Gasthaus ›Kreuz‹, Singen
Architekten Cooperative
Dimo Haith
Marlies Heyl
Gerd Vöhringer
Libanonstraße 72 A, 7000 Stuttgart 1

076
Veba-Wärme-Insel, Dortmund-Bövinghausen
Thyssen bauen + wohnen
Dipl.-Ing. Udo Pegels
Essener Straße 66, 4200 Oberhausen 1

077
Wohnhaus, Laichingen
Rainer Hascher
Fasanenstraße 61, 1000 Berlin 15

078
4-Feld-Sporthalle, Wiesbaden
Architekturbüro Bremmer, Lorenz, Frielinghaus
& Partner
Albert Bohland
Mainzer-Tor-Anlage 29, 6360 Friedberg

079
Wolfgang-Ernst-Gymnasium, Büding
Architekturbüro Bremmer, Lorenz, Frielinghaus
& Partner
B. Lorenz
Mainzer-Tor-Anlage 29, 6360 Friedberg
(Hessen)

080
Einfamilienhaus, Siegmertshausen
Dipl.-Ing. Uwe König, Architekt
Günter Hetzer, Architekt
Clara-Hätzler-Straße 17, 8900 Augsburg

081
Volksbank, Albstadt-Ebingen
Architekturbüro Erlen + Partner
Martinsfeld 42, 5000 Köln 1
Dipl.-Ing. E. Wissmann
Silberburgstraße 103, 7470 Albstadt-Ebingen

082
Friedhof Musberg, Leinfelden-Echterdingen
Dipl.-Ing. Hans-Jörg Thierling, Architekt
Römerstraße 44, 7024 Filderstadt 4

083
Volksbank Braunschweig
Heinz-J. Esser
Tiergarten 89, 3300 Braunschweig

084
Wohn- und Geschäftshaus, Braunschweig
Heinz-J. Esser
Tiergarten 89, 3300 Braunschweig

085
Umbau und Sanierung eines Wohn- und
Geschäftshauses, Braunschweig
Heinz-J. Esser
Tiergarten 89, 3300 Braunschweig

086
Villa, Braunschweig
Heinz-J. Esser
Tiergarten 89, 3300 Braunschweig

087
Kirche, Braunschweig
Stadtkirchenbauamt
Dipl.-Ing. Norbert Koch, Architekt
Schützenstraße 23, 3300 Braunschweig

088
Forschungs- und Entwicklungszentrum der
Heidelberger Druckmaschinen AG,
Heidelberg
HPP Hentrich-Petschnigg & Partner KG
Dipl.-Ing. Kurt Berger, Architekt
Dipl.-Ing. Werner Karst, Architekt
Dipl.-Ing. Bruno Krekler, Architekt
Bärenstraße 8, 6200 Wiesbaden

089
Umbau und Erweiterung eines Technikgebäudes der Deutschen Bundespost, Stuttgart
Arno Lederer + Jorunn Ragnarsdottir
Liststraße 57, 7000 Stuttgart 1

090
Jugendhaus ›Tor-Bau zu Wangen‹, Stuttgart-Wangen
Architekturbüro Architektur und Kunst
Everts + Zaumseil
Wolfgang Zaumseil
Breitscheidstraße 108, 7000 Stuttgart 1

091
›Zentrum Theater und Kunst‹, Stuttgart
Architekturbüro Architektur und Kunst
Everts + Zaumseil
Wolfgang Everts
Wolfgang Zaumseil
Breitscheidstraße 108, 7000 Stuttgart 1

092
Wohnhaus, Stuttgart-Sonnenberg
Dipl.-Ing. Ingmar Brixel, Architekt
Fichtenstraße 3, 7300 Esslingen-Serach

093
Mehrfamilienhaus mit Tiefgarage, Berlin
Wohnbau Krumwiede
Karlheinz Krumwiede
Bundesallee 220, 1000 Berlin 15

094
Evangelisches Gemeindezentrum, O-Weimar
Bauabteilung der Evang.-Luth. Kirche in Thüringen
Projektierungsstelle
Dipl.-Ing. Rainer Pagel, Architekt
Belvederealle 12, O-5300 Weimar i.Th.

095
Haus am Fels, Stuttgart
Bambek + Bambek
Strümpfelbacher Straße 58 A,
7000 Stuttgart 60

096
›Von-der-Heydt-Museum‹, Wuppertal
Architekturbüro Busmann & Haberer
Dipl.-Ing. Peter Busmann
Dr.-Ing. Godfrid Haberer
Aachener Straße 24, 5000 Köln 1

097
Vorhallen Hauptbahnhof, Köln
Architekturbüro Busmann & Haberer
Dipl.-Ing. Peter Busmann
Dr.-Ing. Godfrid Haberer
Aachener Straße 24, 5000 Köln 1

098
Markthalle, Göttingen
Georg-Maria Hagemeyer & Partner
Kurze-Geismarstraße 10, 3400 Göttingen

099
›Glückauf-Halle‹, Peissenberg
Dipl.-Ing. Josef G. Nowak, Architekt
Einsteinstraße 179, 8000 München 80

100
Sport- und Mehrzweckhalle ›Brühlhalle‹, Elchingen
Manfred Fetscher, Freier Architekt
Hauptstraße 27, 7797 Illmensee

101
›Haus im Weinberg‹, Markdorf
Manfred Fetscher, Freier Architekt
Hauptstraße 27, 7797 Illmensee

102
Therapiebad Steinhaldenfeld, Stuttgart-Steinhaldenfeld
Landeshauptstadt Stuttgart, Technisches Referat/Hochbauamt
Hans Repper
Edith Graham
Gabriele Becker
Helmut Kübler
Dorotheenstraße 4, 7000 Stuttgart 1

103
Metro-Station ›Pont-Marie‹, F-Paris
Dipl.-Ing. Gernulf Schalow, Architekt
Weddigenweg 49, 1000 Berlin 45

104
Wohn- und Geschäftshäuser, Stuttgart-Plieningen
IPB Ingenieurbüro für Projektdurchführung und Bauleitung GmbH Rüdiger Hermann & Partner
Fraubronnstraße 29, 7000 Stuttgart 70

105
Schulerweiterung und Jugendmusikschule, Steinheim am Albuch
Dipl.-Ing. Rainer Eich, Freier Architekt
Friedrich-Ebert-Straße 6, 7320 Göppingen

106
Wiederaufbau ›Forsthaus‹, O-Cammin
Ingenieurbüro Hoch- und Tiefbau
Dipl.-Ing. Bernd Thalheim
J.-Schares-Straße 61, O-2520 Rostock 25

107
Umbau und Modernisierung der Katholischen Pfarrei, O-Weimar
Dr.-Ing. Christoph Kopke, Architekt
An der Lehne 24, O-5300 Weimar

108
Einfamilienhaus, O-Berlinchen
Hugo Elit, Ingenieur für Hochbau
Tannenstraße 10, O-1931 Schweinrich

109
Neubau eines Blockheizkraftwerks für die Universität-Gesamthochschule, Siegen
Staatshochbauamt Siegen
Dr.-Ing. Bernd O. Kobbe
Dipl.-Ing. Gerhard Wilke
Unteres Schloß, 5900 Siegen 1

110
Bürogebäude mit Galerie, Köln-Porz
WOB-Bauplanung-GmbH
E. Balzar, Architekt
M. Oehler, Architekt
Kölner Straße 232, 5000 Köln 90

111
Um- und Anbau eines Wohnhauses, Friedrichsdorf/Taunus
Robert Österreicher, Architekt
Kälberstücksweg Nr. 34, 6380 Bad Homburg v.d. Höhe

112
Hauptverwaltung der Firma Computer Associates GmbH, Darmstadt-Eberstadt
Architekturbüro Lengfeld & Wilisch
M. Lengfeld
K. Wilisch
Bismarckstraße 102, 6100 Darmstadt

113
Einfamilienhaus, Bernried am Starnberger See
Dipl.-Ing. Lutz A. Hollfelder, Architekt
Rietschelstraße 7, 8000 München 71

114
Fachwerkhaus, Bad Berleburg
Erich Homrighausen, Architekt
Homrighäuser Weg 62, 5920 Bad Berleburg

115
52 Eigentumswohnungen ›Katharinenhöhe‹, Amberg
Hans Kierner, Architekt
Ludwig-Richter-Straße 1, 8450 Amberg

116
Solarfassade am Verwaltungsgebäude der STAWAG, Aachen
Dipl.-Ing. Georg Feinhals, Architekt
Frankenberger Straße 26, 5100 Aachen

117
Katholische Kirche mit Gemeindezentrum und Kindergarten, Karlsruhe-Neureut
Prof. Ottokar Uhl
Hübschstraße 23, 7500 Karlsruhe 1
Schmitt, Kasimir und Partner, Karlsruhe

118
Umbau Altes Rathaus, Würselen
Dipl.-Ing. Stefan Hammers
Klosterstraße 73, 5102 Würselen

119
Kulturelle Einrichtungen im Hofgut Reinheim
Architekturbüro Kolb, Neumann + Partner
Wienerstraße 78, 6100 Darmstadt

120
Baulückenschließung in der Bonner Südstadt
Dipl.-Ing. Karl-Heinz Schommer, Architekt
Wilhelm-Levison-Straße 39, 5300 Bonn 1

121
Gartensiedlung, Berlin
Dipl.-Ing. Horst Hielscher, Architekt
Windscheidstraße 1, 1000 Berlin 12

122
Wohnpark ›Kirchhölzle‹, Schopfheim-Wiechs
GPF & Assoziierte
Günter Pfeifer
Roland Mayer
Industriestraße 2, 7850 Lörrach 6

123
Kinderhäuser ›Wintersheide‹, Bielefeld
Hochbauamt der Stadt Bielefeld
Johannes Herrmann
Erich Sprick
Uwe Roscher
Friedenstraße 2–8, 4800 Bielefeld 1

124
Berufsschulzentrum ›Gutleuthof‹, Frankfurt
Dipl.-Ing. Klaus-Rüdiger Pankrath, Architekt
Von-Luck-Straße 13, 1000 Berlin 38

125
Parkhaus des Flughafen Fuhlsbüttel, Hamburg
Architekturbüro von Gerkan, Marg & Partner
Professor Meinhard von Gerkan
Dipl.-Ing. Karsten Brauer
Elbchaussee 139, 2000 Hamburg 50

126
Elbterrassen, Hamburg
Architekturbüro von Gerkan, Marg & Partner
Professor Meinhard von Gerkan
Elbchaussee 139, 2000 Hamburg 50

127
Glasdach über dem Museum für Hamburgische Geschichte, Hamburg
Architekturbüro von Gerkan, Marg & Partner
Professor Volkwin Marg
Elbchaussee 139, 2000 Hamburg 50

128
Stadthalle, Bielefeld
Architekturbüro von Gerkan, Marg & Partner
Professor Meinhard von Gerkan
Michael Zimmermann
Elbchaussee 139, 2000 Hamburg 50

129
Wohn- und Geschäftshaus, Hamburg
Architekturbüro von Gerkan, Marg & Partner
Professor Meinhard von Gerkan
Klaus Staratzke
Elbchaussee 139, 2000 Hamburg 50

130
Vitra Design Museum, Weil am Rhein
Architekturbüro GPF & Assoziierte
Günter Pfeifer
Roland Mayer
Industriestraße 2, 7850 Lörrach 6

131
Erweiterungsbau des Verwaltungsgebäudes der Belkaw, Bergisch Gladbach
Architekturbüro Gatermann + Schossig
Dipl.-Ing. Dörte Gatermann, Architektin
Dipl.-Ing. Elmar Schossig, Architekt
Gottesweg 52, 5000 Köln 51

132
Umbau und Erweiterung des Bürogebäudes der Aachener Grundvermögen, Köln
Architekturbüro Gatermann + Schossig
Dipl.-Ing. Dörte Gatermann, Architektin
Dipl.-Ing. Elmar Schossig, Architekt
Gottesweg 52, 5000 Köln 51

133
Grundschule, Ditzenbach-Gosbach
Dipl.-Ing. Peter-Michael Dauner, Freier Architekt
Christophstraße 33, 7320 Göppingen

134
Kindergarten ›Im alten Bahnhof‹, Wäschenbeuren
Dipl.-Ing. Peter-Michael Dauner, Freier Architekt
Christophstraße 33, 7320 Göppingen

135
Vierfamilienhaus mit zwei Doppelgaragen ›Haus Deppner‹, Rosbach v.d.H.
Dipl.-Ing. FH Alwin Hoff
Jakob-Steffan-Straße 12, 6500 Mainz

136
Wohnhaus mit 102 Wohnungen, Gewerbefläche und Büros,
Parkhaussanierung und -modernisierung, Berlin-Charlottenburg
Projektsteuerung und Einreicher: EUWO Bauträger KG
Eigenheim und Wohnbau GmbH
Herr Friedrich
Herr Wilke
Nürnberger Straße 67, 1000 Berlin 30

137
Produktionsgeschoßbau, O-Radeberg
Friedrich Krohner
Am Melm 1 C, 8633 Rödental

138
Seniorenhaus, Kulmbach
Stadt Kulmbach
Dipl.-Ing. Carl Siegl, Stadtbaudirektor
Postfach 1969, 8650 Kulmbach

139
Stadtbibliothek ›Tabakscheunen‹, Viernheim
Architekturbüro Rittmannsperger, Kleebank & Partner GmbH
Dipl.-Ing. Andreas Sedler
Ludwigshöhstraße 9, 6100 Darmstadt

140
Wohnanlage, Berlin
Dipl.-Ing. Dietrich Dörschner, Architekt
Hohenzollerndamm 27 A, 1000 Berlin 31

141
Einfamilienhaus, Bühlertal
Bernd Krätzschmar
Kleiststraße 5, 7500 Karlsruhe 51

142
Einfamilienhaus, Gaggenau
Bernd Krätzschmar
Kleiststraße 5, 7500 Karlsruhe 51

143
Umbau und Sanierung eines Stadthauses, Düsseldorf
Gerischer Architektur
Dipl.-Ing. Professor Wolf Gerischer, Architekt
Cimbernstraße 14, 4000 Düsseldorf-Oberkassel

144
Sport- und Freizeitzentrum, Unterföhring
Architekturbüro Reichert, Pranschke, Maluche
Reinhard Haider
Agnesstraße 47, 8000 München 40

145
AOK-Gebäude, Herford
Günter Trebitz, Architekt
Am Wasserturm 7, 4900 Herford

146
Mehrfamilienwohnhaus, Wuppertal-Elberfeld
Dipl.-Ing. Achim Osterritter
Moltkestraße 28, 5600 Wuppertal 1

147
Hypothekenbank Hamburg AG, Hamburg
Architekturbüro Dietrich + Herrmann
K.-H. Vlcek
H. Alisch
Salzgasse 4, 5000 Köln 1

148
Betriebsverlagerung der Firma Edelhoff, Iserlohn-Sümmern
Edelhoff Bau GmbH
Dipl.-Ing. Johann Müller
Dipl.-Ing. Dieter Neuhaus
Friedrich-Kaiser-Straße 13, 5860 Iserlohn

149
Hochschule für Landwirtschaft, O-Meißen
LAPRO Potsdam GmbH
Dipl.-Ing. Günther Vandenhertz
Dipl.-Ing. Bernd Gutschmidt
Dortusstraße 30, O-1561 Potsdam

150
Verwaltungs- und Produktionsanlage, Oberpfaffenhofen
Manfred Schneider, Architekt
Josef-Schwarz-Weg 11, 8000 München 71
Bauturm München
Gisela Vorderbrügge
Josef-Schwarz-Weg 11, 8000 München 71

151
Solarhaus mit zwei Garagen, Lingen-Brögbern
Architekturbüro Frannsen
Dipl.-Ing. Bernjo Frannsen
Geschwister-Scholl-Straße 8, 4473 Haselünne

152
Wetterstation Lingen
Staatshochbauamt Lingen
Werner Holtmann
Mühlentorstraße 16, 4450 Lingen/Ems

153
Städtebauliches Ensemble, Frankfurt/M.
Architekturbüro Berghof, Landes, Rang
Hanauer Landstraße 137, 6000 Frankfurt/M. 1

154
Zentralwäscherei im Bezirkskrankenhaus, Haar
Dipl.-Ing. Peter Schuck, Architekt
Dipl.-Ing. Heinz Günther, Architekt
Situlistraße 73, 8000 München 45

155
Tank- und Rastanlage ›Pentling‹, kurz vor Regensburg
Architekturbüro Auer + Weber
Georgenstraße 22, 8000 München 40

156
Verwaltungsgebäude, Wiesbaden
Dipl.-Ing. Ernst Schwarz, Architekt
Wilhelmstraße 8, 6204 Taunusstein 4

157
Pressehaus Gruner + Jahr, Hamburg
Einreicher: Architektengemeinschaft Baumwall
Stubbenhuk 25, 2000 Hamburg 11

158
Postamt, Köln
Dipl.-Ing. Professor Joachim Schürmann, Architekt
Margot Schürmann
Lintgasse 9, 5000 Köln 1

159
Wohn- und Gewerbeobjekt, Bonn-Bad Godesberg
Planungsgruppe Bonn
Dipl.-Ing. Wolfgang Krenz
Dipl.-Ing. Bernd Meier
Lennestraße 36, 5300 Bonn

160
Neubau einer Unterkunft der Bayerischen Bereitschaftspolizei, Sulzbach-Rosenberg
Wolfgang Gerlach, Architekt
Poststraße 8, 8590 Marktredwitz
Landbauamt Amberg
Albert Payer
Podewilstraße 5, 8450 Amberg

161
Betriebshof ›Westfalenpark‹, Dortmund
Dipl.-Ing. E. C. Klapp, Architekt
Dipl.-Ing. Arndt Brüning, Architekt
Julienstraße 21, 4300 Essen 1

162
Umbau und Erweiterung eines Einfamilienhauses mit Garage und Büro, Überlingen
Dipl.-Ing. Klaus Werner König
Reichlin-von-Meldegg-Straße 3, 7770 Überlingen

163
Lager- und Verwaltungsgebäude der ALLO PRO Medizintechnik, Gelsenkirchen, Buer
Architekturbüro Hansen + Petersen
Jürgen Hansen, Freier Architekt
Ralf Petersen, Freier Architekt
Westenhellweg 23, 4600 Dortmund 1

164
Einfamilienhaus, Überlingen-Hödingen
Herbert Schaudt, Freier Architekt
Seestraße 1, 7750 Konstanz

165
Altenpflegeheim, Konstanz
Herbert Schaudt, Freier Architekt
Seestraße 1, 7750 Konstanz

166
Wohnbebauung, Konstanz-Oberndorf
Herbert Schaudt, Freier Architekt
Seestraße 1, 7750 Konstanz

167
Buchhandlung Gess, Konstanz
Herbert Schaudt, Freier Architekt
Seestraße 1, 7750 Konstanz

168
Seniorenheim, Anlautertal, Titting
Dipl.-Ing. Hans Nickl, Architekt
Biedensteiner Straße 6/I, 8000 München 40

169
Umbau der ehemaligen Kammgarnspinnerei als Erweiterung der Fachhochschule, Kaiserslautern
Staatsbauamt Kaiserslautern-Ost
Eckelstraße 6, 6750 Kaiserslautern

170
Wohnhaus mit Atelier, Baden-Baden
Dipl.-Ing. Professor Sampo Widmann, Architekt
Lindwurmstraße 88, 8000 München 2

171
Brücke, Eching
Dipl.-Ing. Professor Sampo Widmann, Architekt
Lindwurmstraße 88, 8000 München 2

172
Gartenwohnanlage, Dietersheim
Dipl.-Ing. Professor Sampo Widmann, Architekt
Lindwurmstraße 88, 8000 München 2

173
Heizkraftwerk, Bremen-Hastedt
Dipl.-Ing. Professor Manfred Schomers, Architekt
Dipl.-Ing. Rainer Schürmann, Architekt
Dipl.-Ing. Walter Stridde, Architekt
Stavendamm 17, 2800 Bremen 1

174
Zentrale Vermittlungsstelle der Bundespost, München
Professor Georg Küttinger
Dipl.-Ing. Ingrid Küttinger
Hirschgartenallee 11, 8000 München 19

175
Jugendbildungsstätte, Windberg
Dipl.-Ing. Professor Dr. Th. Herzog, Architekt
Walter Götz
Imhofstraße 8, 8000 München 40

176
Kreis- und Stadtsparkasse, Norden
Dipl.-Ing. Helmut Riemann, Architekt
Große Petersgrube 6, 2400 Lübeck

177
Selecta Spielzeugfabrik, Edling
Architekturbüro Planung Fahr und Partner
Heilmannstraße 8, 8000 München-Solln 71

178
Bürgerbräugarage, Pullach im Isartal
Architekturbüro Planung Fahr und Partner
Heilmannstraße 8, 8000 München-Solln 71

179
Redaktionsgebäude des Süddeutschen Verlages, München
Dieter Schaich, Architekt
Emil-Dittler-Straße 3 A, 8000 München 71

180
Blumen-Pavillon, München
Dieter Schaich, Architekt
Emil-Dittler-Straße 3 A, 8000 München 71

181
Anbau an Villa, Pullach
Eva Straub
Max-Löw-Straße 12, 8014 Neubiberg

182
Umbau des ehemaligen Waisenhauses zu einem Institutsgebäude der Katholischen Universität, Eichstätt
Diözesanbauamt
Karljosef Schattner
Leonradplatz 4, 8078 Eichstätt

183
Schloß Solitude, Stuttgart
Staatliches Hochbauamt Ludwigsburg
Dipl.-Ing. Roland Gerlach
Karlsplatz 5, 7140 Ludwigsburg

184
Umbau und Sanierung eines Jugendstilwohnhauses, Apen
Dipl.-Ing. Manfred Dänekas, Architekt
Taubenweg 4, 2913 Augustfehn

185
Senioren-Wohnanlage, Radolfzell
Siegfried Stier, Freier Architekt
Höristraße 15, 7760 Radolfzell

186
Aussegnungshalle des Friedhofs, Stadt Velden
Architekturbüro Schwarz
Horst Schwarz
Schupfer Straße 94, 8500 Nürnberg 30

187
Anbau eines Ausstellungspavillons, Nürnberg
Architekturbüro Schwarz
Horst Schwarz
Schupfer Straße 94, 8500 Nürnberg 30

188
Containerbüros, Weiden/Oberpfalz
Architekturbüro Schwarz
Horst Schwarz
Schupfer Straße 94, 8500 Nürnberg 30

189
Neubau eines Gemeindehauses, Etzelwang
Architekturbüro Schwarz
Horst Schwarz
Schupfer Straße 94, 8500 Nürnberg 30

190
Hotel Residenzschloß, Bamberg
Karl-Diethard Geyer
Hainstraße 23, 8600 Bamberg

191
Stadtmuseum, Siegburg
Hartmut de Corné, Architekt
Georgstraße 4, 5200 Siegburg

192
Stadtmuseum, Düsseldorf
Professor Niklaus Fritschi, Architekt
Zollhof 1, 4000 Düsseldorf 1

193
Bildungs- und Begegnungsstätte, Hattingen-Welper
Ingenieurbüro Detlef Perner
Im Vogelsang 40, 4320 Hattingen

194
Vorschlag für ein Wendelbauwerk
Dipl.-Ing. C. H. Hagel, Architekt
Eintrachtstraße 24, 4600 Dortmund 1

195
Kindergarten Luginsland, Stuttgart
Architekturbüro Behnisch & Partner
Sibylle Käppel-Klieber
Gorch-Fock-Straße 30, 7000 Stuttgart 75

196
Deutsches Postmuseum, Frankfurt/M.
Architekturbüro Behnisch & Partner
Peter Schürmann
Felix Heßmert
Gotthard Geiselmann
Christian Kandzia
Gorch-Fock-Straße 30, 7000 Stuttgart 75

197
Bahnhofsvorplatz, Stuttgart-Feuerbach
Architekturbüro Behnisch & Partner
Matthias Tusker
Ulrich Mangold
Gorch-Fock-Straße 30, 7000 Stuttgart 75
Tiefbauamt Stuttgart

198
Wohnungen und Gaststätte, O-Halle
Dipl.-Ing. Manfred Sommer, Architekt
Veilchenweg 54, O-4050 Halle

199
Rekonstruktion der Vierradener Straße, O-Schwedt
Stadtplanungsamt Schwedt
Dipl.-Ing. Eckehard Tattermusch, Architekt
Ing. Manfred Meißner, Architekt
Dipl.-Ing. hort. Brigitte Berndt
Leninallee 25–29, O-1330 Schwedt

200
Ärzte- und Geschäftshaus, Berlin
Dieter Roedel, Architekt
Rheinbabenallee 48, 1000 Berlin 33

201
Bürogebäude mit Lagerhalle, Düsseldorf
Architekturbüro Kaiser + Schmitz-Hansen
Niederkasseler Straße 10, 4000 Düsseldorf 11

202
Energiespargebäude, Berlin
Architektengemeinschaft
Professor H. Schreck
G. Hillmann
J. Nagel
Caspar-Theyss-Straße 14 A, 1000 Berlin 33

203
Bürohaus der Edding AG, Ahrensburg
Architekturbüro Struhk + Partner
Casparistraße 1, 3300 Braunschweig

204
Neubau Einfamilienhaus, Wartenberg/Landenhausen
Architekturbüro Sichau & Walter
Vor dem Peterstor 8, 6400 Fulda

205
Neubau Gasthaus, O-Greifswald-Wieck
Pommern-Projekt GmbH
Kurt Höppner
Dr.-Wilhelm-Külz-Straße 30 A,
O-2200 Greifswald

206
Bibliothekskomplex, O-Greifswald
Pommern-Projekt GmbH
Kurt Höppner
Dr.-Wilhelm-Külz-Straße 30 A,
O-2200 Greifswald

207
Passage Baunatal, Baunatal-Altenbauna
Architekturbüro Planum
Dipl.-Ing. Uwe Warner
Bettina Maria Brosowsky
Harald Teschner
Celler Straße 100, 3300 Braunschweig

208
Klinik Dardenne, Bonn-Bad Godesberg
Dipl.-Ing. K. W. Tilemann, Architekt
Ahrweg 16, 5300 Bonn 1

209
Neubau des ICE-Betriebswerkes, Hamburg-Eidelstedt
Bundesbahndirektion Hamburg
Dipl.-Ing. Gerhard Schaefer
Museumstraße 39, 2000 Hamburg 50

210
12-Apostel-Gemeindehaus, Tutow/Vorpommern
Dipl.-Ing. Klaus Marsiske
Domstraße 55, O-2200 Greifswald

211
Friedhofskapelle Schwanewede
Professor Reinhard Bartolles
Dipl.-Ing. H. Jochen Gareus
Dorfstraße 42, 2822 Schwanewede-Neuenkirchen

212
Erdgasübernahmestation, Rosengarten-Leversen
Dipl.-Ing. Wolfgang Großner
Barmbeker Markt 19, 2000 Hamburg 76

213
Rathaus, Husum
Architekturbüro Patschan, Werner, Winking
Neuer Pferdemarkt 1, 2000 Hamburg 36

214
Umbau des Zivilschutzbunkers, Marl
Architekturbüro Patschan, Werner, Winking
Neuer Pferdemarkt 1, 2000 Hamburg 36

215
Arztpraxis und Wohnhaus, Obersickte
J. E. Hamesse, Architekt
F.-Rosenbruch-Weg 1, 3300 Braunschweig

216
Einfamilienhaus mit Wintergarten, Schleiden
Dipl.-Ing. Adelheid Schick-Willach, Architektin
Aachener Straße 66, 5370 Kall/Eifel

217
Operatives Zentrum, Essen
Architekturbüro Heinle, Wischer & Partner
Rotenbergstraße 8, 7000 Stuttgart 1

218
Einfamilienhaus, Taunus
Dipl.-Ing. Christoph H. Mäckler, Architekt
Neue Mainer Straße 14–16, 6000 Frankfurt am Main 1

219
Einfamilienhaus, Hamburg
Dipl.-Ing. Ingrid Spengler, Freier Architektin
Dipl.-Ing. Manfred Wiescholek
Stauffenbergstraße 1, 2000 Hamburg 55

220
Sozialer Wohnungsbau, Puchheim
Architektur-Professor Manfred Kovatsch
Adalbertstraße 90, 8000 München 40

221
Produktionshalle, Rödental
Hartmut Krämer
Weidhäuser Straße 38, 8625 Sonnefeld/Oberfranken

222
Glunzdorf, Hamm
Architekturbüro Adams, Haff, Nürnberg
Rauschendorfer Straße 9,
5330 Königswinter 21

223
Zentrum für Technik und Wirtschaft, Albstadt-Ebingen
Tassilo Sittmann
Bleichstraße 8 B, 6242 Kronberg i. Ts.

224
Büro- und Geschäftshaus, Aachen
Dipl.-Ing. Wolfgang Laupichler
Weißhausstraße 11, 5100 Aachen

225
Wohnhaus mit Büro, Aachen
Dipl.-Ing. Wolfgang Laupichler
Weißhausstraße 11, 5100 Aachen

226
Wohn- und Geschäftshaus, Jülich
Dipl.-Ing. Christoph Kruppa, Architekt
Stresemannstraße 27, 5160 Düren

227
Sanierung des Kohlmeierschen Hauses, Jork
Dipl.-Ing. H. W. Prell, Architekt
Bergstedter Chaussee 146, 2000 Hamburg 65

228
Ausstellungshalle für PKW, Hückelhoven-Brachelen
Professor Dr.-Ing. Bernd Baier
Dipl.-Ing. Leo Graff
Bahnesweg 23, 5100 Aachen

229
Hotel am Zoo, Berlin-Charlottenburg
Dipl.-Ing. Günther Hasenberg, Architekt
Mommsenstraße 17, 1000 Berlin 12

230
Werkhalle mit Sozialbereich, Aachen-Brand
Architekturbüro Rolf Brandt
Vaalser Straße 439, 5100 Aachen

231
Umbau des ehemaligen Trafogebäudes zum Bürogebäude der Internationalen Bauausstellung, Gelsenkirchen
Dipl.-Ing. Heinrich Böll, Architekt
Altenessener Straße 311, 4300 Essen 12

232
Wohnheim für Postbedienstete, Hannover-Kleefeld
Architekturbüro Henze + Vahjen
Fasanenstraße 57, 3300 Braunschweig

233
Apotheke mit Arztpraxis, O-Worbis/Eichsfeld
Michael Müller
Untertor 2, O-5620 Worbis

234
Einfamilienhaus, O-Waren
Dr.-Ing. H. Korthals
Unterwallstraße 9, O-2060 Waren (Müritz)

235
Autoausstellungsraum mit Büroräumen, Traunstein
Dipl.-Ing. Hans Scheck, Architekt
Klammstraße 35, 8100 Garmisch-Partenkirchen

236
Wohn- und Geschäftshaus, Celle
Dipl.-Ing. Hans H. Köhler, Architekt
Weißer Wall 5, 3100 Celle

237
Medizinhistorisches Museum, Bochum
Staatshochbauamt Bochum
N. Förster
Stiepeler Straße 129, 4630 Bochum 1

238
Kammermusiksaal der Berliner Philharmonie, Berlin
Dr.-Ing. Edgar Wisniewski
Kirchblick 12 A, 1000 Berlin 38

239
Bürohaus, Ostfildern-Kemnat
Architekturbüro Kauffmann, Theilig
Zeppelinstraße 10, 7302 Ostfildern-Kemnat

240
Funktionsgebäude für eine Stahlhandelsfirma, Mannheim-Rheinhafen
Dipl.-Ing. Jutta Schürmann, Freie Architekten
Dipl.-Ing. Peter Schürmann, Freie Architekten
Kirchheimer Straße 22, 7000 Stuttgart-Sillenbuch

241
Fertigungshalle der Industrievulkanisation Jörns GmbH, Bromskirchen-Somplar
Architekturbüro ENSS Eckert, Negwer, Sommer, Suselbeek
Oranienplatz 4, 1000 Berlin 36

242
Ortsvermittlungsstelle, München
Josef Köppl, Architekt
Brigitte Maser, Architektin
Obere Weidenstraße 3, 8000 München 90

243
Grundschule, Hagen-Vorhalle
Hochbauamt Stadt Hagen
Postfach 4249, 5800 Hagen 1

244
Hansaplatz und Aufbauten der Tiefgarage, Dortmund
Architekturbüro Meißner, Fortmann-Drühe
Friedrich-Ebert-Straße 58, 5810 Witten 6

245
Wohn- und Geschäftshaus, Berlin
Dipl.-Ing. Peter Meyer, Architekt
Heinestraße 59, O-1297 Zepernick

246
Marzahner Promenade, Berlin-Marzahn
Professor Dr. Wolf-R. Eisentraut
Straße der Befreiung 9, O-1026 Berlin
AIG
Karl-Liebknecht-Straße 29, O-1026 Berlin

247
Rathaus, Berlin-Marzahn
Professor Dr. Wolf-R. Eisentraut
Straße der Befreiung 9, O-8060 Dresden
AIG
Karl-Liebknecht-Straße 29, O-1026 Berlin

248
Einfamilienhaus mit Garage, Roetgen-Rott
Dipl.-Ing. D. Neikes, Architekt
Lothringer Straße 12, 5100 Aachen

249
Bürogebäude, O-Schwerin
Architekturbüro Albrecht + Hartung
Mühlenstraße 17, O-2757 Schwerin

250
Bezirkssportanlage, München
Landeshauptstadt München
Städtisches Hochbauamt II
Uwe Kürschner
Armin Widmann
Frank Fleischmann
Rosental 7, 8000 München 2

251
Unterrichts- und Internatsgebäude, Grub
Professor Dr.-Ing. H. Gebhard
Dipl.-Ing. Reg. Bmstr. B. Landbrecht
Dipl.-Ing. G. Wagmann
Isabellastraße 13/3, 8000 München 40

252
Neubau Verwaltungsgebäude der Betriebskrankenkassen, Essen
Architekturbüro DIZ Dürschke, Isenberg, Zillmann & Partner
Bankstraße 2, 4000 Düsseldorf 30

253
Schillermuseum, O-Weimar
Nationale Forschungs- und Gedenkstätten der klassischen deutschen Literatur in Weimar
Direktion Bau und Denkmalpflege
Klaus Aschenbach
Jürgen Beyer
Dr. Jürgen Seifert
Burgplatz 4, O-5300 Weimar

254
Blockheizkraftwerk Rahe, Aachen
Stadtwerke Aachen
Herr Petry
Herr Dr. Nachtkamp
Lombardenstraße 12–22, 5100 Aachen

255
Verhandlungs- und Gestaltungszentrum, O-Ilmenau
Dipl.-Ing. Barbara Schramm, Architektin
Sartürner Straße 15, O-6300 Ilmenau

256
Kulturhaus, O-Bautzen
Bau- und Denkmalpflege GmbH Dresden
Restaurierungswerkstatt Bautzen
Dipl.-Ing. Christa Kämpfe, Architektin
Unterm Schloß 48, O-8600 Bautzen

257
Wohn- und Geschäftshaus, Hechingen
Dipl.-Ing. H. P. Schetter, Architekt
Kirchweg 3, 7450 Hechingen-Stetten

258
Tiefgarage, Biberach
Architekturbüro Kaag + Schwarz
Gutbrodstraße 2, 7000 Stuttgart 1

259
Einfamilienhaus, Vaihingen/Enz
Architekturbüro Kaag + Schwarz
Gutbrodstraße 2, 7000 Stuttgart 1

260
Berghotel, O-Bastei Stadt Wehlen
Dipl.-Ing. Horst Witter
Oeserstraße 3 A, O-8054 Dresden

261
Lückenschließung in der Altstadt, O-Torgau
Dipl.-Ing. Michael Schubach
Bahnhofstraße 25, O-8210 Freital

262
Kureinrichtung für Kinder, O-Bad Elster
Dipl.-Ing. Barbara Halmagyi
Gustav-Freytag-Straße 7, O-8021 Dresden

263
Umbau eines Verbrauchermarktes, München-Pasing
Architekturbüro Bühler & Bühler,
Landsberger Straße 484, 8000 München 60

264
Dorfgasthof, O-Borna
Dipl.-Ing. Otto Göpel
Kirchgasse 21, O-8405 Strehla

265
Wohn- und Geschäftshaus, Eggenfelden
Peter J. Kastenhuber
Hannes F. Dolzer
Klosterstraße 10, 8330 Eggenfelden

266
Wohn- und Geschäftshaus, Gütersloh
Andreas Winkler
Hübschstraße 11, 7500 Karlsruhe 1

267
Wohnhaus, Karlsruhe
Andreas Winkler
Hübschstraße 11, 7500 Karlsruhe 1

268
SB-Markt, Ritterhude
Wolfram Blenk
Moltkestraße 5, 2900 Oldenburg

269
48 Mietwohnungen, Altenhagen
Dipl.-Ing. Hans Stumpfl, Architekt
Schwalbenstück 45, 4270 Dorsten 11

Fotografenverzeichnis

(soweit feststellbar)

Die Fotos von den prämierten Objekten sind den eingereichten Wettbewerbsunterlagen entnommen.
S. 9, 11, 16, 20 Herbert Höltgen
S. 26 – 31 Thomas Riele
S. 53, 55 (Abb. 8) Jens Weber
S. 55 (Abb. 7, 9) Franz Wimmer
S. 67 Rheinisches Bildarchiv, Köln
S. 68 Martin Claßen
S. 105, 107 Reiner Blunck